0세부터 시작하는
두뇌 발달 놀이

0세부터 시작하는
두뇌 발달 놀이

0~36개월 아기랑 엄마랑 생애 첫 놀이 100

김가희(단아맘) 지음

그린페이퍼

프롤로그

엄마표 놀이를 통해 아이도 엄마도
행복한 성장을 할 수 있습니다

아이가 세상에 태어나서 성인이 되어 독립하기까지의 모든 순간은 부모에게 애틋하고 소중한 과정입니다. 그중에서도 아이가 배 속에서 나와 첫 울음을 터뜨리던 순간, 어렵사리 발을 떼고 처음으로 걸음마를 하던 순간, 아이가 처음으로 '엄마'라고 부르던 순간 등 아이의 모든 '첫' 순간은 인생에 다시는 없을 기쁨과 행복을 선사합니다. 그리고 그 순간마다 엄마는 마음속으로 기도합니다. '우리 아이가 부디 안전하고 바르게 자랄 수 있기를…' 하고요. 하지만 엄마 역시 엄마인 게 처음이라 육아를 하는 과정에서 어떻게 하면 좋을지 몰라 우왕좌왕하며 많은 시행착오와 실수를 반복하지요.

출생에서 3세까지의 시간은 아이의 성장 발달에 매우 중요한 시기입니다. 엄마 배 속에서부터 발달하기 시작한 태아의 뇌는 출생 후 3년에 걸쳐 왕성하게 성장합니다. 최근 이루어진 뇌 연구에서도 0~3세 기간을 아동 발달의 가장 중요한 시기라고 보고 있습니다. 지능을 결정하는 뇌의 시냅스는 생후 0~36개월 사이에 아주 많이 발달하는데, 이때 적절한 자극이 지속적으로 주어지게 되면 시냅스가 더욱 강화되고 그렇지 않은 경우에는 사라져버리기 때문입니다. 그래서 많은 전문가가 출생 후 첫 3년을 '두뇌 발달의 결정적 시기'라고 이야기하면서 이 시기의 뇌 발달을 위해서는 다양한 외적 자극과 경험이 이루어져야 한다고 강조합니다.

저는 첫아이를 낳게 되면서 세상을 향해 첫 발걸음을 떼는 0세부터 3세까지 매우 중요한 아이의 생애 첫 3년 동안 아이와 엄마가 유의미하면서도 즐겁고 행복하게 보낼 수 있는 방법은 없을지 고민하게 되었습니다. 이 책은 그 고민의 결과물입니다. 아이가 태어난 시기가 코로나19가 유행하기 시작한 시점과 맞물린 것도 이 책에 실린 다양한 놀이 방법을 기획하고 실행하는 데 큰 영향을 주었습니다. 한창 바깥 활동을 하며 다양한 경험을 해야 할 나이에 코로나19로 인해 외출에 제약이 생기게 되자 저는 집 안에서도 아이에게 여러 좋은 자극과 경험을 줄 방법들을 생각하게 되었지요. 그런 하루들이 쌓여 만들어진 것이 바로 이 책입니다.

*

아이는 태어난 첫날부터 감각을 통해 세상을 탐험하기 시작합니다. 눈으로 보고, 손으로 만져보고, 입으로 가져다가 느껴보고, 소리를 듣고, 냄새를 맡는 등 시각, 촉각, 미각, 후각, 청각을 통해 모든 정보를 수집합니다. 물론 아이의 발달 단계와 성향에 따라 움직이는 사물과 만져보는 느낌에 더 많은 반응을 보이기도 하고, 소리에 더욱 민감하게 반응을 보이기도 하는 등 아이들은 저마다의 선호하는 방식으로 세상을 감각하고 배워나가지요. 하지만 어떠한 경우든 '지속적으로 탐구하고 경험하며 새로운 지식과 기술을 터득하면서 한 단계씩 성장해나간다'는 사실은 발달 과정상의 공통분모입니다.

　　이처럼 인생을 통틀어 가장 적극적이고 빠르게 성장해나가는 시기에 아이를 위해서라면 무엇이든지 해주고 싶은 것이 부모 마음입니다. 하지만 아이가 태어나고 36개월 동안 엄마는 어린 아가를 밤낮으로 돌보며 먹이고 재우는 등의 기본적인 육아에만 전념해도 하루 24시간이 매우 짧게 느껴집니다. 그렇게 당장 눈앞의 해야 할 일들에 치이다 보니 그 시간이 지나간 후에 아이에게 많은 경험을 제공해주지 못한 것을 두고두고 아쉬워하며 후회하는 경우도 많이 봤습니다. 저는 육아와 일을 병행하며 바쁜 하루하루를 보내는 워킹맘입니다. 그러다 보니 아이와 함께할 수 있는 절대 시간이 적은 만큼 하루 중 아이와 보내는 시간만큼은 양질의 시간으로 보내기 위해 노력하고 있습니다.

　　아이의 생후 6개월 전후 무렵부터 아이의 발달을 위해 다양한 감각을 자극하는 놀이를 시작한 것은 그런 노력의 일환이기도 했습니다. 그런 엄마의 노력을 아이가 알아준 것일까요? 현재 아이는 두 돌을 갓 넘겼는데 또래에 비해 소근육 발달과 언어 발달이 매우 빠르게 이루어진 편입니다. 무엇보다 어떤 일을 하든지 주저하지 않고 도전하는 자기주도적인 성향을 가지게 되었습니다. 이를테면 혼자서 책을 찾아 읽거나 그림 그리기와 만들기를 좋아하는 편입니다. 신발 정리나 옷 갈아입기 정도는 스스로 하려고 노력하고요.

저는 이런 아이의 모습이 돌이 되기 이전부터 아이의 발달과 관심사에 맞춰 다양한 방식으로 오감을 자극시켜주고 스스로 놀잇감을 탐구할 수 있는 기회를 준 덕분이라고 생각합니다. 책에는 이처럼 아이가 24개월간 커나가는 동안 제가 기획하고 실행해본 성장 발달 놀이 중 독자 분들과 꼭 공유하고 싶은 놀이 방법 100가지를 엄선하여 실었습니다.

엄마표 놀이를 통해 아이가 좋은 방향으로 성장한 모습이 주는 기쁨도 기쁨이지만, 저는 그것보다 아이와 함께 놀이를 하는 과정에서 추억할 만한 행복한 기억을 많이 쌓은 것이 가장 뿌듯합니다. 엄마와 아이의 아름다운 추억은 값비싼 장난감을 사주지 않아도, 특별하고 멋진 키즈 카페에 가지 않더라도 쌓을 수 있습니다. 오히려 집은 아이에게 다양한 감각 자극을 경험시켜줄 수 있는 가장 좋은 공간입니다. 왜냐하면 두뇌 발달의 결정적 시기인 0~3세에 가장 빠르게 발달이 시작되는 영역은 바로 감각 인지 능력인데, 심리적으로 안전하고 편안한 공간인 집에서 애착 대상인 주양육자와 함께 감각 놀이를 하다 보면 더욱 효율적인 발달이 이루어지기 때문입니다.

성인의 뇌와 비교했을 때 말랑말랑한 아기의 뇌는 3세까지 80%가 성장합니다. 이 시기는 인지 발달은 물론이고 사회성 발달, 감성적인 측면의 발달 등 앞으로 아이가 살아나가는 데 필요한 기초적인 토대가 두루 형성되는 중요한 시기입니다. 특히 이 시기 양육자로부터 받은 사랑과 관심은 뇌 성장에 중요한 영향력을 발휘합니다. 따라서 두뇌 발달의 결정적 시기인 0~3세에 양육자와 놀이를 하는 가운데에 자연스럽게 상호작용하며 느끼는 감각 자극과 성취감은 아이의 두뇌 발달에 긍정적인 영향을 미칩니다.

*

저는 전직 교사로 약 8년 동안 학교에서 아이들을 직접 만나고 가르쳐왔습니다. 교실 현장에서 많은 아이들을 가르치면서 저 역시 그 아이들로부터 배우는 점들이 많았지요. 그런데 아이를 낳고 기르다 보니 그것은 학교 현장에서 아이들을 가르치는 것과는 또 다른 차원의 어려움이 있었습니다. 하루 24시간을 아이와 함께하며 한 아이의 삶을 온전히 책임지면서 아이에게 인생 첫걸음을 가르치는 일은 결코 쉽지 않았습니다. 아이는 저를 통해 세상을 배우기 때문입니다.

그렇게 아이를 낳고 저는 '부모'라는 새로운 이름을 얻음과 동시에 새로운 가르침과 배움의 단계에 접어들게 되었습니다.

그 과정에서 한 명의 인간으로 성장하는 기쁨과 성장통을 동시에 경험하는 중입니다. 결코 녹록치 않은 육아라는 과정을 그래도 즐겁게 할 수 있었던 이유는 엄마가 노력을 기울이는 만큼 아이도 엄마도 함께 성장해나간다는 사실을 경험했기 때문입니다. 이 책을 읽는 독자 분들께서도 책 속에 소개된 100가지 엄마표 두뇌 발달을 위한 감각 창의 놀이를 해나가면서 아이와 함께 행복하게 성장하고 있다는 감각을 느껴보시길 바랍니다.

　　마지막으로 이 책을 쓰는 과정에서 고마웠던 분들의 이름을 떠올려봅니다. 늘 영감을 주는 나의 언니 아일린에게 감사의 인사를 전합니다. 늘 응원과 지지를 아끼지 않는 나의 남편, 단아 아빠에게도 고마움을 전합니다. 그리고 제 삶의 원동력이자 늘 한 팀이 되어주는 사랑하는 딸 단아에게 이 책을 선물합니다. 인스타그램을 통해 언제나 응원의 메시지를 보내주시는 독자 분들에게도 깊은 감사의 인사를 전합니다.

2022년 초여름
단아맘 김가희

차례

프롤로그 • 5
엄마표 놀이를 통해 아이도 엄마도 행복한 성장을 할 수 있습니다

• 생애 첫 엄마표 두뇌 발달 놀이, 어떻게 해야 하나요? • 14
• 이 책을 보다 유용하게 활용하는 방법 • 18
• 엄마표 두뇌 발달 놀이를 위한 기본 준비물 • 22

오감으로 만나는 세상, 감각 발달 놀이

01 염색 쌀 촉감 놀이 • 34
02 볼풀공 물놀이 • 36
03 물티슈 캡 촉감 놀이 보드 • 38
04 미로 바구니 • 40
05 엄마표 손 놀이 장난감 • 42
06 방울 팔찌 • 44
07 폼폼이 놀이 • 46
08 자기주도 식재료 오감 놀이 • 48
09 마스킹 테이프 감각 놀이 • 50
10 꽃 촉감 놀이 • 52
11 튀밥 양 센서리 백 • 54
12 그림자놀이 • 56
13 마라카스 악기 놀이 • 58
14 오색 풍선 존 • 60
15 욕조 바다 동물 탐험 • 62
16 손&발 페이팅 • 64
17 업그레이드 촉감 놀이 보드 • 66
18 무지개 하트 젤리 • 68
19 컬러 센서리 백 • 70
20 휴지심 볼링 • 72
21 물풍선 어항 물병 • 74
22 스팽글 센서리 백 • 76
23 에어 캡 물감 놀이 • 78
24 컬러 국수 촉감 놀이 • 80
25 오색 빛깔 한천 젤리 • 82

육아 퇴근 후 쉼 한 조각_육아, 유년을 두 번 경험하는 축복 • 84

PART 2 손을 더욱 정교하게, 두뇌 발달 놀이

26 동물 구출 대작전 • 94
27 컬러링 공 넣기 • 96
28 매직 스카프 • 98
29 나비 볼풀공 • 100
30 그리기 캔버스 상자 • 102
31 휴지심 폼폼 플레이 존 • 104
32 볼 드롭 상자 • 106
33 셀로판지 나비 • 108
34 젤라틴 구출 대작전 • 110
35 체망 건지기 놀이 • 112
36 링 쌓기 놀이 • 114
37 종이컵 맞추기 놀이 • 116
38 모양 매칭 놀이 • 118
39 젤리 속 캐릭터 친구들 구하기 • 120
40 폼폼이 자판기 • 122
41 휴지심 모양 도장 • 124
42 처음 선 긋기 • 126
43 염색 쌀 숫자 놀이 • 128
44 생쥐 귤 먹이기 • 130
45 무지개 면봉 꽂기 • 132
46 냠냠 토끼 먹이 주기 • 134
47 빨대 꽂기 보드 • 136

육아 퇴근 후 쉼 한 조각_휴식, '엄마'가 아닌 '나' 자신이 되는 시간 • 138

 PART 3 마음을 쑥쑥 키워줘요, 정서 함양 놀이

48 까꿍 접시 • 146
49 요거트 페인팅 • 148
50 과일 스파 • 150
51 아빠 썰매 • 152
52 파스타 액세서리 • 154
53 청경채 도장 • 156
54 드라이아이스 거품 놀이 • 158
55 치카치카 양치 놀이 • 160
56 플라워 밀크 스파 • 162
57 장난감 미니 세탁기 • 164
58 감정 카드 • 166
59 병아리콩 스몰 월드 • 168
60 풍선 페인팅 • 170
61 젖소 풀 먹이기 • 172
62 베이비 꽃꽂이 • 174
63 컬러 돋보기 • 176
64 동물 샤워 부스 • 178
65 생일 케이크 카드 • 180
66 석류 오감 놀이 • 182
67 에어 캡 발자국 찍기 • 184
68 네이처 프레임 • 186

육아 퇴근 후 쉼 한 조각_가족, 늘 고맙고도 미안한 이름 • 188

PART 4 사계절을 느껴봐요, 오감 발달 계절 놀이

- 69 계란판 미니 꽃밭 • 196
- 70 봄놀이 스몰 월드 • 198
- 71 벚꽃 꽃꽂이 • 200
- 72 장미꽃 선캐처 • 202
- 73 펠트 텃밭 가꾸기 • 204
- 74 아이스 물놀이 • 206
- 75 얼음 물감 페인팅 • 208
- 76 무지개 얼음 녹이기 • 210
- 77 여름 홈캉스 • 212
- 78 얼음 속 공룡 구출 대작전 • 214
- 79 가을 낙엽 벽화 • 216
- 80 가을 랜턴 • 218
- 81 감자 도장 나뭇잎 찍기 • 220
- 82 가을 낙엽 색칠 놀이 • 222
- 83 가을맞이 헤어스타일링 • 224
- 84 크리스마스 전구 하우스 • 226
- 85 손도장 루돌프 • 228
- 86 베이킹소다 눈 놀이 • 230
- 87 볼풀공 트리 • 232
- 88 크리스마스 드로잉 • 234
- 89 털실 크리스마스트리 오너먼트 만들기 • 236

육아 퇴근 후 쉼 한 조각_여행, 세상에서 가장 크고 넓은 배움터 • 238

 PART 5 무한한 상상력을 키워줘요, 창의력 발달 놀이

- 90 파스타 바다 탐험 • 246
- 91 드라이아이스 화산 • 248
- 92 하늘을 나는 풍선 꽃 • 250
- 93 얼음 꽃 오감 놀이 • 252
- 94 물놀이 우주 비행 • 254
- 95 펭귄이 사는 얼음 나라 • 256
- 96 풍선 벌 집콕 놀이 • 258
- 97 스포이드 무지개 빗방울 • 260
- 98 시리얼 모래 촉감 놀이 • 262
- 99 할머니 할아버지 염색 해드리기 • 264
- 100 염색 쌀 하늘 촉감 놀이 • 266

육아 퇴근 후 쉼 한 조각_책육아, 생각 주머니를 키워주는 가장 좋은 방법 • 268

에필로그 • 274
처음 엄마가 된 당신에게 선물 같은 책이기를 바라며

생애 첫 엄마표 두뇌 발달 놀이, 어떻게 해야 하나요?

아이를 위해서라면 뭐든지 해주고 싶은 것이 엄마의 마음이지만, 육아를 하다 보면 잠깐이라도 나 자신만을 위한 시간을 갖기가 쉽지 않습니다. 그러다 보면 몸도 마음도 지쳐버려서 아무것도 하고 싶지 않고 서글퍼지기까지 하지요. 분명한 것은 행복한 엄마가 아이에게 행복한 에너지를 전달할 수 있다는 사실입니다. 게다가 육아는 장기전이지요. 그렇기 때문에 아이와 엄마의 욕구 사이에서 적절한 균형을 찾아가며 행복한 시간을 만들어가는 것이 중요합니다. '아이도 엄마도 즐겁고 행복한 시간이 될 것!' 이것은 엄마표 놀이를 할 때도 적용되는 대원칙입니다. 그렇다면 아이도 엄마도 모두 행복한 엄마표 놀이를 하기 위해서는 어떻게 해야 할까요?

① 아이가 관심을 보이는 것과 현재 발달 상황을 잘 관찰해두자

'아이를 위해 기껏 열심히 준비했는데, 아이가 흥미를 보이지 않아서 실패했어요. 이럴 땐 어떻게 해야 할까요?' 이는 엄마표 놀이와 관련해서 가장 많이 받는 질문 중 하나입니다. 엄마의 관점에서는 발달적으로나 아이의 흥미를 끌기에 좋아 보이는 놀이를 열심히 준비했는데 아이가 여기에 부응하지 않으면 준비한 입장에서 허탈한 마음이 들기도 합니다. 하지만 놀이의 주체가 아이라는 사실을 잊지 마세요.

아이의 관심사와 맞지 않는 놀이라면 아무리 재미있고 유익한 놀이여도 아이가 흥미를 갖기 어렵습니다. 혹은 아이의 발달 단계상 해

당 놀이를 소화하기가 버거워 관심을 보이지 않는 경우도 있습니다. 비슷한 연령의 아이라고 해도 아이들마다 발달 정도와 흥미를 갖는 영역은 개별적으로 차이가 있습니다. 그러므로 놀이 준비를 하기에 앞서 현재 아이가 어떤 대상이나 사물에 관심을 보이는지, 아이가 소화 가능한 조작 활동의 범위는 어느 정도인지 등을 주의 깊게 관찰하는 것이 중요합니다.

② 아이가 놀이에 관심을 보이지 않는다면 중단하고 쉬자

아이의 발달 상황이나 관심사에 맞춰 놀이를 잘 준비했음에도 불구하고 아이가 놀이를 거부하거나 계속 다른 쪽으로 시선을 돌리는 경우도 있을 텐데요, 그럴 때는 놀이를 잠시 중단하고 휴식하는 것이 좋습니다. 그렇게 잠시 숨을 돌리고 난 후나 며칠이 지난 뒤, 아이의 컨디션이 최상일 때 같은 놀이를 다시 시도하면 이전과는 달리 아이가 놀이에 흥미를 보이며 즐겁게 참여할 수도 있습니다. 우리 어른들도 몸이 피곤하다거나 더 재미있는 것에 시선을 빼앗기면 좋아하던 일도 하고 싶지 않을 때가 있으니까요.

③ 아이에게 충분한 자율성과 탐색할 시간을 주자

놀이를 처음 할 때는 엄마가 먼저 시범을 보여주되, 이후에 아이가 자유롭게 놀이에 스스로 참여하고 선택할 수 있도록 기다려줘야 합니다. 그래야만 '아이 주도'의 놀이 시간이 가능합니다. 시범을 보여줄 때는 아이가 놀이 방법을 충분히 인지할 수 있도록 천천히 설명해주세요. 때로는 단계적으로, 반복적으로 설명해줄 필요도 있습니다. 또한 아이가 처음 보는 놀잇감을 천천히 탐색할 수 있는 시간을 충분히 주어야 합니다. 아이가 엄마의 시범을 보고도 놀이를 하는데 서투르다고 해서 한숨을 쉬거나 "아니야", "틀렸어" 하며 잘못을 지적해서는 안 됩니다. 엄마가 원하는 식으로 놀이의 형태를 강요하지도 말아야 해요. 그러는 대신, "잘했어", "잘하고 있어" 등 칭찬과 격려로 아이가 놀이를 하면서 마주치는 문제 상황들을 스스로 해결해나갈 수 있도록 자신감과 의욕을 북돋워주세요.

④ 놀이 규칙을 알려주는 것도 중요하다

아이와 놀이를 할 때는 앞서 이야기한 것처럼 자율성을 허락하되, 아이 스스로 조절 기술을 배울 수 있도록 일정한 놀이 규칙도 알려주어야 합니다. 예를 들어, '엄마가 놀이를 준비하는 동안에는 잠시 기다려야 한다', '놀이를 하기 전에는 놀이 가운이나 앞치마를 입는다', '놀이를 마치고 나면 함께 정리한다', '놀이를 다 하고 나면 손을 깨끗이 씻는다' 등 놀이 전후 및 놀이 과정 중에 지켜야 하는 규칙들을 알려줘야 하지요.

저는 아이와 놀이를 할 때 엄마가 재료를 준비하는 동안에는 함께 놀아줄 수가 없다는 사실을 알려주고, 대부분 동일한 장소에서 놀이를 하는 등 일관된 규칙을 세우고 지켜나갔습니다. 덕분에 아이는 제가 늘이 재료를 준비하는 동안에는 함께 놀자고 보채지 않고 잠시 혼자서 그림을 그리거나 책을 읽으면서 기다릴 줄 알게 되었지요.

또한 놀이 준비를 마치고 앞치마를 입혀주면 자연스레 놀이 장소로 스스로 이동했습니다. 또한 놀이가 끝나면 손을 닦고 사용한 놀잇감을 정리 정돈하는 것까지 놀이의 과정이라고 생각하게 되었지요.

처음에는 놀이 규칙을 세우고 습관으로 정착시키기까지 시간이 걸릴 수도 있지만, 이렇게 놀이의 시작과 마무리에 있어서 일관된 규칙을 정해놓으면 아이도 엄마도 모두 불필요한 에너지 낭비와 스트레스를 줄이고 놀이 시간을 한껏 즐길 수 있습니다.

⑤ 엄마의 마음이 여유로울 때 하자

아이도 엄마도 행복한 놀이 육아를 하기 위해서는 양육자인 엄마의 마음가짐이 제일 중요합니다. 엄마가 다른 일로 바쁜 가운데에 책임감 때문에 놀이를 하려고 하다 보면 놀이 준비에 대한 부담감과 쫓기는 마음 등으로 인해 즐겁게 놀이를 하기가 어렵습니다. 그리고 이런 불편한 마음은 아이에게 고스란히 전해지지요. 아이와 함께하는 시간만큼은 아이뿐만 아니라 엄마도 즐거운 시간이 될 수 있도록 엄마의 마음이 여유로울 때 하는 것이 좋습니다. 엄마 마음이 편안해야 아이에게도 긍정적인 피드백을 충분히 건네줄 수 있습니다.

아이가 놀이 활동을 할 때 엄마의 따뜻한 응원을 받으면 아이는 커다란 자신감을 얻습니다. 놀이 후에도 아이를 안아주고 쓰다듬어주면서 기운을 북돋워주는 것을 잊지 마세요. 놀이 중에 아이가 받은 정서적인 지원은 아이의 성장에 매우 중요한 밑거름으로 작용합니다. 아이는 놀이 중에 느끼는 행복과 기쁨을 숨기지 못하고 겉으로 많이 표현할 텐데요, 이는 엄마에게 뿌듯함과 만족감을 선사하여 놀이 육아를 지속하게 하는 원동력이 되기도 합니다. 엄마표 놀이를 통해 엄마와 아이 모두 성장하는 선순환이 이루어지는 것이지요.

이 책을 보다 유용하게 활용하는 방법

이렇게 구성했어요

이 책은 '감각 발달 놀이', '두뇌 발달 놀이', '정서 함양 놀이', '오감 발달 계절 놀이' 그리고 '창의력 발달 놀이'라는 다섯 가지 키워드를 주제로 하여 총 다섯 개 파트로 구성했습니다. 각 파트의 내용은 다음과 같습니다.

PART 1. 오감으로 만나는 세상, 감각 발달 놀이
생후 6개월 전후부터 가능한 생애 첫 발달 놀이를 소개합니다.

PART 2. 손을 더욱 정교하게, 두뇌 발달 놀이
돌 전후부터 3세 이상까지도 가능한 놀이를 소개합니다. 주로 두뇌 발달에 도움을 주는 손을 많이 사용하는 놀이들로 구성했습니다.

PART 3. 마음을 쑥쑥 키워줘요, 정서 함양 놀이
아이가 마음껏 자신의 느낌을 표현할 수 있는 미술 놀이와 정서 함양에 도움이 되는 놀이들을 소개합니다.

PART 4. 사계절을 느껴봐요, 오감 발달 계절 놀이
계절에 따른 자연의 변화를 오롯이 체험할 수 있는 놀이들을 소개합니다.

PART 5. 무한한 상상력을 키워줘요, 창의력 발달 놀이
아이의 상상력과 창의력을 키워주는 재미난 아이디어가 가득한 놀이를 소개합니다.

준비물과 놀이 방법
요리 레시피처럼 한눈에 보기 좋게 준비물과 놀이 방법을 정리했어요.

발달 영역
이 놀이를 통해 어떤 능력을 발달시킬 수 있는지 알 수 있어요.

단아맘's Tip
해당 놀이를 더욱 재미있고 효율적으로 할 수 있는 저만의 팁을 알려드릴게요.

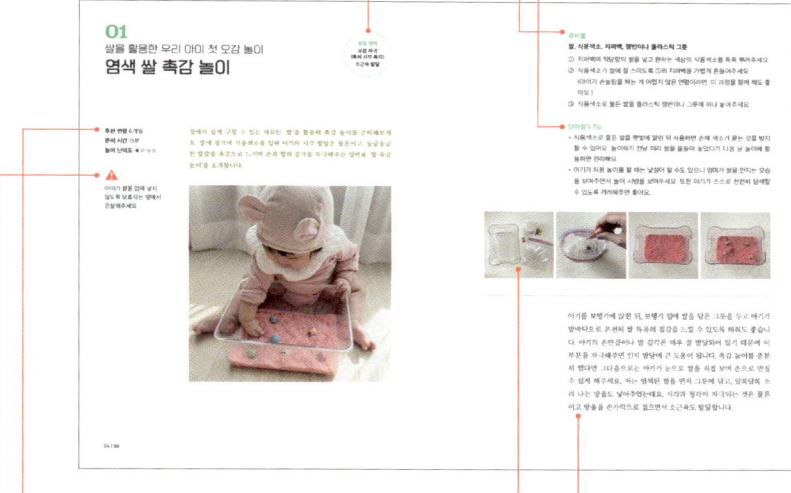

추천 연령 / 준비 시간 / 놀이 난이도
해당 놀이를 하기에 적절한 연령 및 준비 시간, 놀이 난이도를 일목요연하게 안내해두었어요. 해당 정보를 참고해 아이와 양육자의 상황에 맞춰 놀이를 준비해보세요.

상세한 과정 사진

확장 놀이 아이디어
해당 놀이를 할 때 실제로 단아가 보인 반응이나 해당 놀이를 바탕으로 한 확장 놀이 아이디어 등을 담았어요.

주의 사항
안전은 언제나 중요합니다. 해당 놀이를 할 때 특별히 유의해야 할 내용이에요.

이렇게 활용해보세요

책에서 소개하는 100가지 놀이법을 바탕으로 더욱 많은 활동들을 할 수 있습니다. 다음의 내용을 참조해서 아이와 양육자의 상황에 맞춰 창의적으로 확장 놀이 및 연계 활동을 이어나가보세요.

① 독후 활동으로 확장하기

이 책에서 소개한 놀이를 책 읽기와 연계하여 독후 활동으로 활용해보세요. 예를 들어 동물에 대한 책을 읽었다면, 이후에 동물 피규어를 활용한 놀이(94쪽 '동물 구출 대작전', 206쪽 '아이스 물놀이' 참조)를 독후 활동으로 연계해보는 것이지요. 해당 놀이를 할 때는 아이가 읽은 책에 등장한 동물과 피규어가 묘사하고 있는 동물을 대응시키면서 아이에게 동물의 생김새나 명칭 등을 자세히 설명해주면 좋습니다.

② 자연물/사물 탐구와 병행하기

실제 자연물이나 사물과 대응시키면서 책에 나온 놀이를 응용할 수도 있습니다. 가령, 아이와 바깥 산책을 하며 길가에 핀 꽃들을 탐구해본 뒤, 집으로 돌아와서 이와 연계된 활동으로 꽃 촉감 놀이, 꽃꽂이 등과 같이 꽃을 활용한 놀이(52쪽 '꽃 촉감 놀이', 174쪽 '베이비 꽃꽂이' 참조)를 해보는 것이지요. 자연 관찰과 놀이를 연계한 활동은 아이가 자연을 오감으로 느끼고 배우기에 더할 나위 없이 효과적인 방법이지요.

③ 다양한 확장 놀이 시도하기

이 책에서 소개한 놀이들 중에서 아이가 유독 좋아하거나 흥미를 보이는 놀이가 있다면, 해당 놀이를 좀 더 높은 수준으로 응용, 확장해서 반복하는 것도 좋습니다. 해당 놀이를 하기에 아이의 연령이 어리다거나 혹은 많다면 아이의 수준과 상황에 적절하게 맞춰 확장 놀이를 시도해보는 것도 좋습니다. 본문에는 이와 같은 확장 놀이 아이디어들을 가급적 많이 넣고자 노력했습니다.

④ 아이를 놀이 준비 과정에 참여시키기

아이가 이미 돌 전에 경험해본 놀이를 2~3세 무렵에 다시 하게 될 때는 엄마가 혼자서 모든 것을 직접 준비하기보다 아이를 놀이 준비 과정에 참여시키는 것을 권장합니다. 그 과정에서 아이가 놀이에 더욱 흥미를 가지고 몰입할 수 있으며, 책임감과 적극성 등 능동적인 태도가 길러집니다.

엄마표 두뇌 발달 놀이를 위한 기본 준비물

이 책에 실린 100가지 엄마표 두뇌 발달 놀이를 구상할 때, 가장 신경을 많이 쓴 부분 중 하나는 놀잇감 재료입니다. 대체로 구하기 쉽고, 택배 상자나 휴지심, 페트병처럼 재활용할 수 있는 재료들을 활용했습니다. 몇몇 재료들은 동네 문구점이나 다이소 혹은 온라인 스토어 쿠팡이나 네이버 스마트스토어 등을 통해 구비해두면 유용하게 사용할 수 있습니다.

책에서 소개하는 엄마표 두뇌 발달 놀이 중에는 물감 등을 이용해 아이가 직접 그림을 그리거나 꾸미는 활동 등도 많은데요, 미술용 가운이나 앞치마, 토시 혹은 입지 않는 헌 옷 등을 미리 준비해서 놀이 전에 입혀주면 아이의 옷이나 몸에 물감 등이 묻어 지저분해지는 것을 방지할 수 있습니다. 또한 김장용 비닐이나 신문지, 놀이 매트 등도 구비해두었다가 사용하면, 바닥에 놀이 재료가 튀거나 더러워지는 것을 방지하고 뒤처리를 할 때도 한결 유용합니다.

자르기

가위

가위나 칼은 놀잇감을 만드는 데 필수 준비물입니다. 가위는 집에 있는 주방용 가위를 사용해도 무방하지만 놀이용 가위를 따로 구분해서 사용하는 것이 편리합니다. 또한 지그재그 모양으로 자를 수 있는 핑킹가위는 다양한 모양을 낼 수 있어서 구비해두면 유용합니다. 가위는 그 자체로 좋은 놀잇감이기도 합니다. 가의질은 손을 정교하게 사용해야 하기 때문에 두뇌 성장에 도움이 됩니다. 보통 24~30개월쯤 가위질을 연습하게 되는데, 어른의 감독하에 꼭 유아용 안전 가위를 사용하게 해주세요.

칼
일반적으로 사용하는 작은 커터칼(얇은 종이류 재단용)과 굵은 사이즈의 커터칼(택배 상자 등 두께감이 있는 물건 재단용)을 모두 구비해두면 좋습니다.

붙이기

마스킹 테이프
마스킹 테이프는 아이 혼자서도 쉽게 찢을 수 있어서 소근육 및 눈과 손의 협응력을 돕는 데 도움을 주는 놀이에 활용하면 좋습니다. 또한 놀잇감을 붙이거나 꾸밀 때에도 사용합니다.

각종 테이프
놀잇감을 직접 만들 때 스카치테이프, 너비가 넓은 박스 테이프, 양면 테이프 등 각종 테이프는 필수 아이템입니다. 각 테이프는 용도에 따라 다양하게 쓰이므로 종류별로 미리 구비해두는 것이 좋습니다.

풀/만능 본드
풀도 교구를 붙일 때 쓰이는 기본 재료 중 하나입니다. 만능 본드는 우드락, 나무나 가죽, 천 등 풀로는 잘 접착되지 않는 재료들을 붙일 때 활용하면 좋습니다. 이외에 목공풀도 있으면 좋습니다.

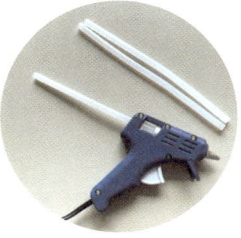

글루건+심
풀이나 테이프로 잘 붙지 않는 재료를 단단히 고정시킬 때 사용합니다. 주로 플라스틱이나 종이, 금속, 천, 나무 등 가볍고 힘이 많이 가해지지 않는 물체를 접착할 때 이용합니다. 글루건에 심에 꽂고 전원을 연결한 후 글루건에 열이 오를 때까지 잠시 기다렸다가 글루건이 가열되어 글루건 앞쪽의 심이 녹아 흘러내릴 때 사용하면 됩니다. 화상을 입을 위험이 있으니 신체에 접촉되지 않도록 주의해주세요.

원형 벨크로

'찍찍이'라고도 불리는 벨크로는 숫자나 모양, 한글이나 알파벳 대응 카드를 만들 때 사용하면 편리합니다. 코들보들한 면과 까칠까칠한 면을 마주 붙여서 스티커처럼 붙였다 떼었다 할 수 있고, 크기와 색상이 다양해 필요에 따라 골라 쓸 수 있습니다.

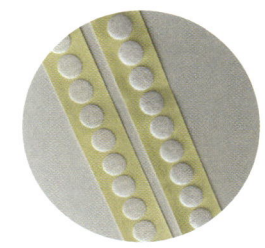

색칠하기

물감

핑거 페인트용 유아 물감은 아이 오감 놀이에 자주 쓰이는 물감 중 하나인데, 그중 유아 물감으로 자주 사용되는 스노우 키즈의 스노우 물감은 유리나 거울, 비닐이나 검은색 종이 등에서 발색이 잘되는 파스텔 형광 컬러부터 원색까지 색상이 다양합니다. 핑거 페인팅부터 야채 도장 찍기 등 어린 연령의 아이도 즐길 수 있는 물감 놀이를 할 때 활용하기 좋습니다.

아크릴물감

아크릴물감은 유화물감에 비해 내구성이 강하고 건조가 잘되어 사용이 편리하며 종이뿐만 아니라 다양한 재료에 채색이 가능합니다. 칠할 때는 물을 쓰지만 물감이 굳은 뒤에는 물에 녹지 않는 특성이 있습니다.

팔레트/붓

팔레트와 붓은 미술 놀이의 필수품입니다. 팔레트는 시중에 판매되는 팔레트 중 기호에 맞는 것으로 자유롭게 선택하면 됩니다. 아이가 처음 붓을 사용할 경우, 손의 근육을 조절하는 기술이 필요하기 때문에 사용을 어려워하는 경우가 많습니다. 붓은 손잡이 부분이 둥글어서 쥐기 쉽고, 붓모가 크고 빳빳한 재질이 좋습니다.

꾸미기

폼폼이
다양한 색상에 촉감도 부드럽고 가벼운 폼폼이는 아이 놀잇감을 만들 때 빠질 수 없는 재료입니다. 폼폼이를 테이프에 붙였다가 떼어내는 놀이부터 계란판에 폼폼이 옮기기 등 소근육 발달을 위한 다양한 놀이 및 꾸미기 재료로 다방면으로 활용이 가능합니다.

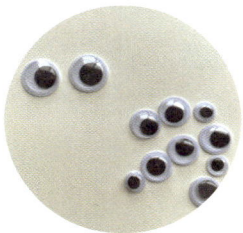

눈알 스티커(접착 눈알)
눈알 뒷면에 접착제가 붙어 있는 제품도 있고, 그렇지 않은 제품도 있습니다. 접착면이 별도로 없는 경우에는 글루건이나 양면테이프 등을 활용해 붙이면 됩니다. 눈알 스티커를 붙이면 놀잇감에 표정이 생겨 아이가 무한한 상상력을 펼치게 되지요. 사이즈가 다양한 것은 물론이고 플라스틱 재질 말고도 천이나 종이 재질도 있습니다.

스팽글
화려한 색상과 반짝이는 질감이 독특한 스팽글은 엄마표 놀이의 대표적인 꾸미기 재료입니다. 아이가 생후 6개월 전후라면 지퍼백에 물을 1/3 정도 채운 뒤 그 안에 스팽글을 넣기만 하면 멋진 센서리 백이 만들어지지요. 종이 위에 스팽글을 붙일 때는 목공풀을 활용하면 좋습니다.

종이류

색상지
8절 크기의 흰색 도화지를 비롯해 다양한 컬러의 색상지는 미술 놀이를 할 때 빠질 수 없는 기본 준비물입니다. 문구점에서 다양한 색상지를 한 묶음씩 묶어 판매하는 것을 미리 사서 구비해두면 아이와 놀이할 때 언제든 유용하게 활용할 수 있습니다.

캔버스

캔버스 위에 물감을 칠하고 그 위에 여러 재료를 다양하게 붙이고 꾸미면 세상에 단 하나뿐인 우리 아이만의 액자가 만들어집니다. 다이소나 문구점에서 쉽게 구입이 가능하고, 사이즈도 다양합니다. 아이의 손바닥이나 발바닥에 물감을 묻혀 캔버스에 찍은 후 그 위에 눈알 스티커를 붙이거나 추가로 그림을 그리면 멋진 캔버스 액자가 완성됩니다.

펠트지

펠트지는 부드러운 촉감 덕분에 아이들이 갖고 놀다가 다칠 위험도 적고 모양 변형도 적어서 어린 연령의 아기들을 위한 장난감이나 교구 제작에 많이 활용됩니다. 펠트지는 접착식과 비접착식이 있으며, 사이즈와 색상도 매우 다양합니다. 펠트지를 활용해 딸랑이, 손가락 인형, 장난감 핸드폰 등 아이를 위한 여러 놀잇감 제작이 가능합니다.

셀로판지

다양한 색상의 셀로판지를 빛에 비추면 아름다운 빛깔이 만들어지고, 특유의 재질에서 비롯되는 촉감과 소리 등은 아이들의 호기심을 자극하기에 충분합니다. 물을 묻히면 흡착력이 생기는 성질을 활용해 창문에 분무기로 물을 뿌린 후 셀로판지 조각들을 붙여서 스테인드글라스 놀이를 할 수 있습니다.

컬러 종이컵

종이컵은 가볍고 안전한 재질이어서 아이들 놀잇감으로 다양하게 활용되는 재료입니다. 쌓고 무너뜨리기 놀이는 물론이고 색깔 분류 놀이도 할 수 있습니다. 단, 컬러 종이컵을 아이가 물고 빨지 않도록 주의 깊게 살펴봐주세요.

컬러 종이 접시

선명하고 다양한 색상의 컬러 종이 접시도 다양한 놀잇감이나 교구로 활용이 가능합니다. 접시 색상에 맞춰 사물을 구분하는 색 구분 놀이부터 종이 접시 안쪽을 오려 링을 만들어 링 끼우기 장난감 교구로 활용하는 등 재미있는 소근육 발달 놀잇감을 만들 수 있습니다.

먹을 수 있는 재료

식용색소

식용색소는 우리 아이 첫 오감 놀이의 필수 아이템입니다. 식품첨가물로 만들어진 안전한 제품으로 요리나 베이킹뿐만 아니라 놀이나 실험에도 사용됩니다. 제가 사용하는 제품은 '엘틴푸드칼라'로 100% 식품첨가물로 만들어졌습니다. 한두 방울의 적은 양으로도 진하게 발색되어 쌀이나 국수를 염색할 때나 얼음을 얼릴 때 활용하면 아이의 시각 발달과 상상력 증진에 도움이 됩니다. 피부에 묻으면 바로는 잘 안 지워질 수 있으나 1~2일 정도 지나면 자연스레 지워집니다.

한천 가루 / 젤라틴

한천 가루와 젤라틴도 우리 아이 첫 오감 놀이에 자주 활용되는 재료입니다. 한천은 우뭇가사리(해초)를 가공한 식품으로 젤리나 양갱과 같은 식감을 만들 때 사용됩니다. 젤라틴은 동물의 뼈, 가죽, 힘줄 등에 있는 천연 단백질인 콜라겐을 가공하여 만든 것으로 젤리, 아이스크림, 푸딩 등에 사용됩니다. 젤라틴과 물은 1:3 혹은 1:5 정도의 비율로 섞어 사용합니다. 한천 가루의 경우는 물 100ml당 3~5티스푼 정도의 비율로 섞으면 적당합니다. 이 비율보다 한천 가루를 많이 넣으면 양갱처럼 좀 더 단단한 식감이, 적게 넣으면 푸딩처럼 좀 더 부드러운 식감이 만들어집니다. 한천 가루는 뜨거운 물에 녹여 사용해야 하며, 조금만 식어도 금방 굳습니다. 반면에 젤라틴은 온도의 영향을 받지 않는 편이라 비교적 다루기 쉬워서 처음 오감 놀이를 한다면 젤라틴을 활용하는 것을 추천합니다.

파스타(소면) / 쌀

파스타나 소면, 쌀 등의 식재료는 우리 아이 첫 오감 놀이에 안전하게 사용될 수 있는 좋은 재료입니다. 다양한 종류의 파스타나 소면을 삶아서 부드러운 촉감의 국수 촉감 놀이에 활용할 수 있고, 쌀 역시 쌀알 특유의 느낌이나 그릇에 옮겨 담을 때 들리는 소리 등으로 청각, 촉각 등을 자극하는 오감 놀이가 가능합니다. 쌀이나 면을 다양한 색상의 식용색소로 염색하면 아이의 시각 발달에 더욱 긍정적인 자극을 줍니다. 쌀이나 파스타, 소면 외에도 서리태(검정콩), 완두콩, 병아리콩 등도 다양한 오감 놀이에 활용할 수 있습니다.

각종 재활용품

재활용 박스(택배 상자)
택배 배송용 재활용 박스는 엄마표 발달 놀이에서 빼놓을 수 없는 재료 중 하나입니다. 상자에 동그랗게 구멍만 뚫어도 볼풀공 넣기 놀이를 할 수 있습니다.

휴지심
휴지심은 동그란 원형을 그대로 활용하거나 혹은 조금 구부려 세모나 네모 모양으로 만들어 물감을 묻혀 모양 찍기 놀이를 하기에 매우 좋습니다. 다 쓴 휴지심은 버리지 말고 모아두세요.

물티슈 캡
물티슈는 아이를 키우는 집이라면 늘 구비해두는 물품입니다. 다 사용한 물티슈의 캡만 분리해서 모아두면 탁월한 놀잇감 재료가 됩니다. 가령, 물티슈 캡의 열리고 닫히는 기능을 활용해 캡 안쪽에 사진이나 다양한 그림들을 붙여서 까꿍 놀이를 할 수 있습니다.

에어 캡
택배 포장에 쓰이는 에어 캡은 꾹꾹 누르면 뽁뽁 소리가 나며 공기가 빠져나가는 재미있는 특성 때문에 아이들의 호기심을 자극하는 놀이 재료입니다. 에어 캡이 터질 때 들리는 소리와 촉감은 오감을 자극시켜 주지요. 에어 캡을 직접 손으로 눌러보며 탐색하는 놀이부터 에어 캡 위를 걷기(걸음마가 가능한 시기부터), 에어 캡에 물감을 묻혀 찍는 도장 놀이 등 다양한 놀이로 응용이 가능합니다.

드라이아이스
아이스크림을 사거나 신선 식품 배송 시 꼭 들어 있는 드라이아이스는 이산화탄소를 압축, 냉각해 만든 흰색의 고체 물질입니다. -78.5도까지 온도가 내려가기 때문에 맨손으로 만지면 동상에 걸릴 수 있으므로 장갑을 끼거나 기구를 이용해 집어야 합니다. 드라이아이스는 물과 만나면 수증기가 생기는 성질로 인해 물을 부으면 연기가 피어오르는데 이를 활용한 엄마표 과학 놀이는 아이의 호기심을 자극하는 최고의 놀

이 중 하나입니다(158쪽 '드라이아이스 거품 놀이', 248쪽 '드라이아이스 화산' 참조).

기타

놀이 트레이
아이 주도적인 오감 놀이를 할 때 가장 기본이 되는 놀이 교구입니다. 쌀, 모래, 밀가루 등 여러 가지 재료를 놀이 트레이에 넣어 다양한 촉감 놀이를 할 수 있습니다. 색상과 재질, 모양이 매우 다양하여 취향과 상황에 맞춰 선택이 가능합니다.

피규어
피규어는 인지 발달과 어휘 발달은 물론이고, 아이들의 호기심을 자극하는 창의력 놀이에 자주 활용되는 놀잇감입니다. 다양한 이름과 생김새의 피규어 관찰하기, 피규어와 낱말 카드 대응시키기, 역할 놀이 하기 등을 통해 피규어가 묘사한 대상의 이름을 익힐 수 있습니다.

볼풀공
알록달록한 색상의 볼풀공은 아기의 호기심을 자극하는 좋은 놀잇감입니다. 가볍고 말랑말랑한 재질이라 가지고 놀다가 다칠 위험도 적지요. 볼풀공을 가득 채워 볼풀장을 만들어주면 아이들은 그 안에서 안정감을 느끼기도 합니다. 볼풍공 던지기는 눈과 손의 협응력 발달에도 도움을 줍니다.

풍선
풍선은 탄성이 있어서 통통 튀기거나 던지는 등 재미난 놀이가 가능한 재료입니다. 색상도 다양해서 천장이나 벽에 풍선을 불어 붙여두면 아이의 시각을 자극해 색 인지 발달에 도움이 됩니다. 풍선을 공처럼 던지거나 치기, 물풍선을 이용해 욕조에서 물놀이하기 등 풍선을 활용한 놀이는 대근육 발달에 도움이 되는 다양한 놀이에 활용할 수 있습니다.

면봉

아이 키우는 집이라면 늘 구비해두는 면봉은 다양한 놀이 재료로 활용이 가능합니다. 가령, 면봉에 물감을 찍거나 구멍에 면봉을 꽂는 놀이는 소근육 발달에 도움을 줍니다. 단, 가늘고 긴 면봉을 사용할 때는 안전하게 사용할 수 있도록 보호자가 옆에서 주의 깊게 살펴봐주세요.

빨대

굵기와 색상이 다양한 빨대를 구부리거나 자르면 다양한 모양 만들기 놀이가 가능합니다. 또한 휴지심이나 상자에 구멍을 뚫어서 빨대를 끼우는 놀이는 소근육 발달에도 도움이 됩니다. 단, 빨대가 아이의 얼굴을 찌르지 않도록 보호자가 옆에서 주의 깊게 살펴봐주세요.

나무 막대

나무 막대는 다양한 소품 만들기나 꾸미기 혹은 간단한 퍼즐 등 다양한 교구로 사용되는 유용한 놀이 재료입니다. 바(bar) 형태 아이스크림을 다 먹고 나면 생기는 막대를 깨끗이 씻어서 사용하거나, 문구용품을 판매하는 인터넷 스토어에서 구매하면 됩니다. 판매하는 나무 막대 중에는 여러 컬러로 염색한 나무 막대도 있는데 색 구분 놀이를 할 때 유용합니다.

털실

포근하고 따뜻한 촉감의 털실은 탁월한 놀잇감 재료입니다. 색상과 실의 굵기도 다양하기 때문에 아이의 상상력과 창의력 발달에 도움이 되는 재료이지요. 실 꿰기, 실뜨기 등 소근육 발달 놀이에 활용할 수 있습니다.

컬러 스카프

스카프의 부드러운 감촉이 촉각 자극을, 다채로운 색상이 시각 자극을 주는 등 아이들의 오감을 두루 발달시켜주는 놀잇감 재료입니다. 다양한 재질과 색상의 스카프를 활용한 촉감 놀이뿐만 아니라 통에 구멍을 뚫고 스카프를 하나씩 엮어서 빼내는 놀이 등을 통해 소근육 발달에도 도움을 줄 수 있습니다.

코팅기(또는 손 코팅지)

코팅기는 엄마표 놀잇감이나 교구를 만들 때 유용하게 사용되는 기기입니다. 낱말 카드, 숫자나 알파벳 대응표, 레고 설명서 등을 코팅해두면 오랫동안 보관 및 관리하는 데 좋습니다. 엄마가 직접 만든 색칠 공부 도안이나 워크북도 코팅해두면 여러 번 재사용이 가능합니다. 코팅기 외에도 문구점 등에서 구입할 수 있는 손 코팅지로도 코팅이 가능하니 참고하세요.

스포이드

엄지와 검지를 움직이면서 물을 빨아들이는 스포이드를 사용하다 보면 자연스레 소근육 발달에 도움이 됩니다. 아이가 처음 스포이드를 사용한다면 서툴 수 있으므로 보호자가 먼저 시범을 보여주는 것이 좋습니다. 먼저 스포이드 안에 물을 담아주고 스포이드의 고무주머니를 눌러 물을 빼내는 것부터 연습하다 보면 스포이드 활용법을 차차 익힐 수 있습니다. 물에 색소를 타서 코인 티슈나 화장솜에 스포이드로 물을 뿌려보는 활동 등이 가능합니다.

오감으로 만나는 세상,
감각 발달 놀이

01
쌀을 활용한 우리 아이 첫 오감 놀이
염색 쌀 촉감 놀이

> **발달 영역**
> 오감 자극
> (특히 시각·촉각)
> 소근육 발달

추천 연령 6개월
준비 시간 15분
놀이 난이도 ★☆☆☆

아이가 쌀을 입에 넣지 않도록 보호자는 옆에서 관찰해주세요.

집에서 쉽게 구할 수 있는 재료인 '쌀'을 활용해 촉감 놀이를 준비해보세요. 쌀에 핑크색 식용색소를 입혀 아기의 시각 발달은 물론이고, 동글동글한 쌀알을 촉감으로 느끼며 손과 발의 감각을 자극해주는 엄마표 '쌀 촉감 놀이'를 소개합니다.

준비물
쌀, 식용색소, 지퍼백, 플라스틱 쟁반이나 그릇

① 지퍼백에 적당량의 쌀을 넣고 원하는 색상의 식용색소를 톡톡 뿌려주세요.
② 식용색소가 쌀에 잘 스미도록 ①의 지퍼백을 가볍게 흔들어주세요. 아이가 손놀림을 하는 게 어렵지 않은 연령이라면, 이 과정을 함께 해도 좋아요.
③ 식용색소로 물든 쌀을 플라스틱 쟁반이나 그릇에 꺼내 놓아주세요.

단아맘's Tip
- 식용색소로 물든 쌀을 햇빛에 말린 뒤 사용하면 손에 색소가 묻는 것을 방지할 수 있어요. 놀이하기 전날 미리 쌀을 물들여 놓았다가 다음 날 놀이에 활용하면 편리해요.
- 아기가 처음 놀이를 할 때는 낯설어 할 수도 있으니 엄마가 쌀을 만지는 모습을 보여주면서 놀이 시범을 보여주세요. 또한 아기가 스스로 천천히 탐색할 수 있도록 격려해주면 좋아요.

   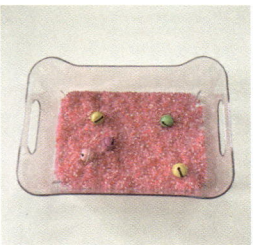

아기를 보행기에 앉힌 뒤, 보행기 밑에 쌀을 담은 그릇을 두고 아기가 발바닥으로 온전히 쌀 특유의 질감을 느낄 수 있도록 해줘도 좋습니다. 아기의 손만큼이나 발 감각은 매우 잘 발달되어 있기 때문에 이 부분을 자극해주면 인지 발달에 큰 도움이 됩니다. 촉감 놀이를 충분히 했다면 그다음으로는 아기가 눈으로 쌀을 보며 직접 손으로 만질 수 있게 해주세요. 저는 염색된 쌀을 먼저 그릇에 담고, 알록달록한 방울도 넣어주었는데요, 시각과 청각이 자극되는 것은 물론이고 방울을 손가락으로 집으면서 소근육도 발달합니다.

02
동글동글 공들과 신나는 수영
볼풀공 물놀이

발달 영역
시각·촉각 자극
소근육 발달
정서 발달

추천 연령 6개월 이상
준비 시간 10분
놀이 난이도 ★☆☆☆

욕조에 물을 받아 물놀이를 할 때는 아기가 미끄러져 넘어지거나 다칠 수도 있으니 보호자가 꼭 옆에서 지켜봐주세요.

물놀이는 아기들이 정말 좋아하는 활동 중 하나로 아기 발달에 좋은 점이 많습니다. 그래서 아기 수영을 자주 할 수 있다면 참 좋겠지만, 매번 욕조에 물을 가득 채우려면 시간과 노력이 정말 많이 필요하지요. 볼풀공 물놀이는 적은 양의 물로도 재밌게 할 수 있는 물놀이 방법은 없을지 고민한 끝에 생각해낸 놀이입니다. 물을 싫어하거나 무서워하는 아기도 얕은 물속에서 안정감을 느끼고 감각 자극을 받으며 물놀이와 친해질 수 있지요.

준비물
볼풀공, 욕조, 물

① 볼풀공을 깨끗하게 세척해주세요. 볼풀공을 아기 전용 세정제에 담가 깔끔하게 씻은 뒤, 물기를 잘 건조시켜줍니다. 볼풀공을 닦을 때는 아기 전용 세정제나 식초물(물과 식초 비율 1:1)로 닦아주면 돼요. 식초물로 닦아주면 남아 있는 물때가 제거되면서 살균 소독도 가능해요.
② 욕조에 물을 잔잔하게 채운 다음, 볼풀공을 넣어주세요.

단아맘's Tip
- 욕조에 물은 아주 얕게 잔잔하게만 채워도 괜찮아요. 아기가 욕조 안에서 엎드리거나 앉았을 때 참방참방할 수 있을 정도로 물을 채워주면 돼요. 물 온도는 보통 아기 목욕물 온도인 38~40도 정도가 적당합니다(팔꿈치를 대었을 때 따뜻한 정도). 더운 여름철엔 이보다 조금 낮은 34도 정도가 적당합니다. 놀이를 하다 보면 수온이 자연스레 내려가기 때문에 너무 차가운 온도가 되지 않도록 주의해주세요.
- 욕실에 욕조가 없다면, 아기용 욕조를 사용해도 무방해요. 저는 일부러 선명한 원색의 볼풀공을 준비했는데, 또렷하고 알록달록한 색깔은 아기의 시각 발달을 도와줘요.

 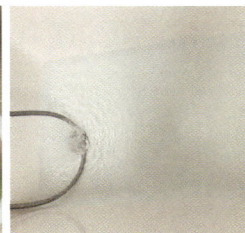 

물은 특정한 형태가 없기 때문에 아기가 물속에서 그 흐름과 느낌을 자유롭게 탐색하는 동안 스스로 다양한 놀이를 창조해냅니다. 아기는 물속에서 몸을 지탱하려고 자연스럽게 몸을 움직이는데요, 물이 주는 다양한 자극은 아기의 뇌 발달에도 긍정적인 영향을 미칩니다. 또한 몸을 많이 쓰는 놀이라서 물놀이를 하고 나면 아기는 잠을 잘 잡니다. 아기가 보채거나 잠을 잘 못 잔다면 볼풀공 물놀이를 해보세요. 아기가 초저녁부터 잠이 들어 이른 육아 퇴근이 가능해질 테니까요.

03
바스락바스락 부들부들
물티슈 캡 촉감 놀이 보드

발달 영역
시각·촉각 자극
소근육 발달
집중력 향상

추천 연령 6개월 이상
준비 시간 10분
놀이 난이도 ★☆☆☆

물티슈 캡에 다양한 재료를 붙일 때는 최대한 단단하게 붙여서 떨어지지 않게 해주세요. 입으로 탐색하는 구강기 시기(보통 0~18개월)의 아기들은 세상을 탐색하는 동안 눈에 보이는 것들을 집어 자꾸만 입에 넣으려고 하기 때문입니다. 아이 입속에 이물질이 들어가지 않도록 주의해주세요.

물티슈는 아기를 키우는 집이라면 늘 구비해두는 필수품입니다. 다 사용한 물티슈 캡을 버리지 말고 모아서 우리 아기를 위한 단 하나뿐인 촉감 놀이 보드를 만들어보세요. 엄마의 사랑과 정성이 가득 담긴 첫 오감 놀이 교구로 놀다 보면 아기가 엄마의 사랑을 듬뿍 느낄 거예요.

준비물
물티슈 캡, 하드보드지 또는 상자, 색감과 재질이 다른 다양한 재료, 접착제, 양면테이프

① 하드보드지 또는 상자에 접착제로 물티슈 캡을 붙여주세요.
② 물티슈 캡 바닥 부분에 양면테이프를 붙여주세요.
③ ② 위에 준비한 재료들을 붙여주세요. 저는 털실, 폼폼이, 천, 색 한지, 꽃잎 등을 활용했어요.

단아맘's Tip
- 냉동실에 다 쓴 물티슈 통을 넣었다가 꺼내면 뚜껑을 쉽게 분리할 수 있어요.
- 보드판에 아이와 엄마가 함께 찍은 사진도 오려 붙여서 세상에 단 하나뿐인 특별한 엄마표 교구를 만들어보세요.

물티슈 캡 촉감 놀이 보드를 만들 때 물티슈 캡에 붙일 재료들은 색감, 질감 등을 고려해서 골고루 준비해주세요. 알록달록한 폼폼이, 안 쓰는 포장지, 입지 않는 옷 등 집 안 곳곳에서 촉감 놀이를 위한 재료를 찾을 수 있습니다. 물티슈 캡 촉감 놀이 보드는 아이가 물티슈 캡 뚜껑을 열었다 닫았다 하면서 소근육 조절 능력도 발달시킬 수 있을 뿐만 아니라, 다양한 재료의 질감을 눈으로 보고 손으로 탐색하는 동안 오감도 자극되는 훌륭한 감각 교구랍니다. 여러 부재료들을 붙인 물티슈 캡을 하드보드지나 상자 대신, 아이가 주로 생활하는 거실 한쪽 벽면이나 창가 등에 붙여도 좋습니다.

04
미로에 빠진 장난감 친구들을 구출하자!
미로 바구니

발달 영역
시각·촉각 자극
소근육 발달
집중력 향상

추천 연령 6개월 이상
준비 시간 10분
놀이 난이도 ★★☆☆

바구니 속에는 구강기 아기가 만지거나 입에 대어도 안전한 물건만 넣어주세요. 미리 깨끗하게 닦아두거나 세탁해두면 더욱 좋아요.

미로처럼 엮인 실을 피해 요리조리 손을 움직여 바구니 속 장난감을 꺼내다 보면 소근육이 발달하는 놀이입니다. 털실 사이로 장난감을 꺼낼 때마다 아이가 성취감을 느낄 수 있고, 장난감을 꺼내는 것에 집중하다 보면 집중력도 쑥쑥 올라가지요.

준비물
구멍이 뚫린 바구니, 털실 또는 끈, 아이가 좋아하는 작은 장난감

① 바구니 사이로 털실을 지그재그로 엮어주세요.
② 바구니 안에 아기가 손으로 쥘 수 있는 작은 장난감을 넣어주세요.

단아맘's Tip
- 손을 많이 사용할수록 아기의 소근육은 더욱 빠르게 발달해요. 단아는 7개월 무렵부터 미로 바구니 놀이를 시작했어요. 이 무렵 아기들에게는 작은 장난감이나 떡뻥 등 안전한 물건들을 쥐어줘서 손가락을 많이 사용하도록 해주세요.

아이에게 미로 바구니를 만들어 건네주자 처음에는 털실 사이로 고개를 파묻고 바구니 속에 든 장난감을 유심히 탐색했습니다. 이윽고 마음에 드는 장난감을 향해 손을 뻗어 꺼내려고 애쓰더라고요. 그렇게 여러 번 시도한 끝에 미로 바구니 속에서 자신이 좋아하는 장난감을 꺼내는 미션에 성공했답니다. 이 놀이를 함께 하다 보면 아이가 여러 질감과 모양의 장난감 중 무엇을 좋아하는지도 알 수 있습니다. 구멍이 뚫린 바구니와 털실만 있으면 완성되는 간편한 엄마표 교구이니 아이의 소근육 발달을 위해 미로 바구니 만들기에 도전해 보세요.

05
조물조물 잼잼 데굴데굴
엄마표 손 놀이 장난감

발달 영역
시각·촉각 자극
소근육 발달
인지 발달

추천 연령 6개월 이상
준비 시간 10분
놀이 난이도 ★☆☆☆

손 놀이 장난감은 뚜껑이 있는 용기로 만드는데, 뚜껑이 열려서 속에 담긴 재료가 빠져나오지 않도록 뚜껑을 단단히 닫아주세요.

아기들은 움켜쥐는 반사 능력을 가지고 태어납니다. 아기 손에 엄마의 손가락을 가져다 대면 아기가 조그마한 손가락을 구부려 엄마의 손가락을 잡는 것도 그중 하나이지요. 보통 4개월 이후가 되면 아기는 작은 장난감 블록 정도의 물건을 잡을 수 있습니다. 손으로 물건을 쥐는 힘이 점점 길러지는 시기에 손으로 물건을 잡거나 쥐고 흔들며 놀 수 있도록 엄마표 손 놀이 장난감을 만들어주세요.

준비물
뚜껑 달린 빈 플라스틱 용기, 다양한 종류의 콩, 색색의 폼폼이, 꽃잎, 비즈 등

① 검은콩, 완두콩 등 다양한 콩을 플라스틱 용기에 넣어주세요.
② 색색의 폼폼이와 꽃잎을 플라스틱 용기에 넣고 물을 채워주세요. 폼폼이와 꽃잎은 물속에 넣어야 둥둥 움직이는 모습을 볼 수 있습니다.
③ 알록달록한 비즈도 플라스틱 용기에 넣어주세요. 비즈는 색과 모양이 다양하고 찰랑찰랑 소리가 나서 아기의 청각 발달에 좋습니다.

단아맘's Tip
- 플라스틱 용기는 아기가 손으로 쉽게 쥘 수 있도록 작은 것을 추천해요.
- 플라스틱 용기 안에 넣을 재료들은 다채로운 색감과 질감으로 준비해주세요. 아기가 더욱 호기심을 갖고 손을 뻗어 장난감을 잡으려고 한답니다.

아기 장난감을 고를 때는 아기가 자신의 신체를 활용해 자유롭게 탐색할 수 있는 장난감이 좋습니다. 생후 6개월이 되면 아기는 부쩍 손을 뻗어 물건을 잡으려고 하고, 잡은 것은 놓지 않고 쥐고 흔드는 등 손 조작 능력이 발달함을 확인할 수 있는데요, 엄마표 손 놀이 장난감은 아기가 용기에 담긴 형형색색의 재료들을 보면서 흥미를 가지고 탐색하기에 좋은 놀잇감입니다. 손에 쥐여주기도 하고, 눈앞에서 흔들어주기도 하면서 아이와 함께 교감하는 시간을 가져보세요.

06
딸랑딸랑 쩔렁쩔렁
방울 팔찌

> **발달 영역**
> 시각·청각 자극
> 인지 발달

추천 연령 5개월 이상
준비 시간 5분
놀이 난이도 ★☆☆☆

방울을 엮을 때 사용하는 마스크 스트랩이 너무 조이지 않도록 해주세요. 아이의 피부가 민감하다면 마스크 스트랩보다는 면 등 부드러운 천을 사용해 피부에 자극이 가지 않도록 해주세요.

청각은 언어 해석 및 두뇌 발달에 매우 중요한 감각입니다. 아기의 청각은 엄마의 배 속에서부터 심장박동, 목소리와 음악 등 다양한 소리를 들으며 발달하기 시작하지요. 이후 생후 4~6개월이 되면 아기는 소리가 나는 방향을 알고 익숙한 목소리를 구분하게 됩니다. 간단한 재료로 돌 전 아기의 청각 발달에 좋은 방울 팔찌를 함께 만들어보아요.

준비물
여러 색상의 방울, 마스크 스트랩

① 마스크 스트랩을 떼어서 두 개의 방울 고리와 연결해주세요. 마스크 스트랩은 신축성도 있고, 재활용도 가능해 좋습니다.
② 아기의 손목에 방울 팔찌를 끼워주기 전에 먼저 아기 귀에서 20cm 이상 떨어진 곳에서 방울 팔찌를 흔들었을 때 얼굴이나 눈꺼풀이 반응하는지 살펴보세요.
③ 아기의 반응을 확인했다면, 아기의 손목에 방울 팔찌를 끼워주세요. 방울 팔찌는 발목에 끼워 발찌로도 활용이 가능해요.

단아맘's Tip
- 방울 놀이를 할 때 엄마는 아이의 오른쪽, 왼쪽 각 방향에서 방울 소리를 들려주면서 청각 반응을 검사할 수 있어요. 아이가 소리가 나는 방향으로 고개를 돌리며 반응을 하는 것이 정상입니다.

아기는 생후 1년 동안 주위의 모든 소리 정보를 받아들이고 다양한 소리를 구분하는 능력을 키워나갑니다. 2~3개월만 되어도 아기는 소리가 나는 쪽으로 고개를 돌리고, 엄마와 다른 사람의 목소리도 구분하게 됩니다. 청각 능력은 이후 언어 발달의 큰 바탕이 되지요. 언어는 소리에 노출됨으로써 학습되기 때문입니다. 청각은 의사소통을 통해 타인과 관계를 맺는 데 도움을 줘서 정서 발달에도 영향을 끼칩니다. 청각 발달을 위해서는 평소에 음악이 나오는 장난감이나 딸랑이 등의 도구를 활용하거나 손뼉치기, 무언가를 쥐고 악기를 치는 놀이를 하는 것도 좋습니다. 이러한 놀이는 소근육 발달에도 도움을 줍니다.

07
말랑말랑 보들보들
폼폼이 놀이

발달 영역
시각·촉각 자극
소근육 발달
인지 발달

추천 연령 5개월 이상
준비 시간 3분
놀이 난이도 ★☆☆☆

구강기인 아기의 입속에 폼폼이가 들어가지 않도록 보호자가 꼭 옆에서 지켜봐주세요.

폼폼이 놀이는 아기의 소근육 발달을 위한 간편하고도 흥미로운 놀이입니다. 소근육 발달의 최적의 시기는 보통 생후 6개월 정도부터 시작됩니다. 소근육이 발달하면 아기는 자기 의지대로 물건을 집거나 움직일 수 있습니다. 이는 자기 효능감 증진과 긍정적인 자아 형성은 물론이고, 두뇌 발달에도 도움을 주지요.

준비물

폼폼이, 투명 박스 테이프

① 투명 박스 테이프를 길게 잘라서 아기 침대나 가드의 기둥 사이에 붙여주세요.
② 투명 박스 테이프의 끈끈한 면에 다양한 색상의 폼폼이를 붙여주세요.

단아맘's Tip

- 폼폼이를 투명 박스 테이프에 붙여서 놀이를 하기 전에, 아기에게 알록달록한 폼폼이를 자유롭게 탐색할 수 있는 시간을 갖게 해줘도 좋아요.

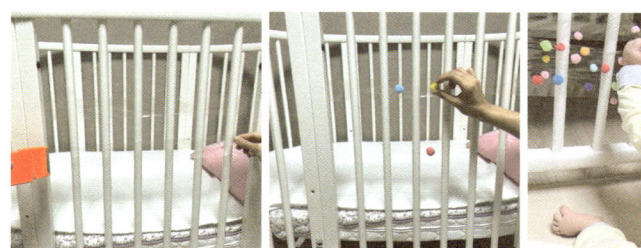

만일 아기가 구강기라면 지퍼백에 폼폼이를 넣어서 탐색하게 해주세요. 지퍼백에 물을 조금 넣고 폼폼이를 담은 후, 지퍼 부분을 테이프로 단단히 마감 처리하면 폼폼이를 활용한 센서리 백 sensory bag이 완성됩니다.

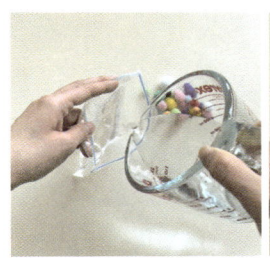

08
오물오물 냠냠
자기주도 식재료 오감 놀이

발달 영역
**시각·촉각 자극
인지 발달**

추천 연령 6개월 이후
(이유식 시작 이후)
준비 시간 15분
놀이 난이도 ★☆☆☆

아기가 특정 식재료에 알레르기 반응을 보이지는 않는지 꼭 확인해주세요.

구강기인 아기와 오감 놀이를 하다 보면 놀잇감이 혹시나 아기 입속에 들어가지는 않을지 걱정되기도 합니다. 식재료 오감 놀이는 그런 걱정을 덜기 위해 고안해본 놀이입니다. 맛과 색을 느끼며 다양한 식재료를 맛보다 보면 자기주도식 식습관도 세울 수 있어 일석이조이지요. 아기 간식이나 이유식에 넣는 재료를 사용하여 아기가 식재료를 탐색할 때 보다 거부감 없이 자연스럽게 다가가도록 준비해주세요.

준비물
다양한 색깔의 종이컵, 아기가 먹을 수 있는 각종 식재료, 칼, 도마

① 종이컵 겉면에 종이컵 색깔에 맞춰 같은 색의 식재료 이름을 적어주세요.
② 준비한 식재료를 아기가 손으로 쥐기 좋은 크기로 잘라주세요.
③ ①의 종이컵에 색깔을 맞춰 ②의 식재료들을 넣어주세요.

단아맘's Tip

- 초기 이유식이나 간식에 주로 활용되는, 아기에게 친숙한 재료를 사용하길 권해요. 저는 사과, 배, 당근, 오이 등 네 가지의 색과 맛이 다른 재료를 준비했어요.
- 당근과 오이 같은 딱딱한 채소류는 미리 살짝 데치거나 찜기에 찐 뒤 식혀서 사용하면 식감이 부드러워져 아기가 먹기에 좋아요. 오이 씨는 알레르기를 유발하거나 소화력이 약한 어린 아이에게는 부담이 될 수 있어서 오이 씨를 제거한 뒤 끓는 물에 익혀주었답니다.

식재료 오감 놀이는 아기가 식재료를 손으로 만지고, 눈으로 보고, 입으로 재료 본연의 맛도 느낄 수 있는 놀이입니다. 요즘 자기주도 이유식을 하는 분들이 많은데요, 아이가 스스로 음식을 먹고 탐구하다 보면 자연스레 식사 시간에 집중하게 된다고 합니다. 《한 그릇 뚝딱 이유식》의 저자이자 소아청소년과 의사인 오상민 선생님은 이유식을 먹여준다기보다는 '먹는 기회를 주는 것'임을 염두에 두라고 하시더라고요. 식재료 오감 놀이를 통해 우리 아기에게 '스스로 먹기self-eating'를 연습하고 음식을 탐구할 기회를 선사해보세요.

09
떼었다 붙였다
마스킹 테이프 감각 놀이

발달 영역
시각·촉각 자극
소근육 발달
인지 발달

추천 연령 6개월 이상
준비 시간 3분
놀이 난이도 ★☆☆☆

구강기인 아기의 입속에 테이프가 들어가지 않도록 보호자가 꼭 옆에서 지켜봐주세요.

시중에 판매되는 장난감 중에는 아기에게 탐색할 시간을 주기보다 즉각적인 자극을 주는 것들이 많습니다. 마스킹 테이프는 주위에서 쉽게 구할 수 있는 활용도 높은 놀이 재료입니다. 아기가 테이프를 뗐다 붙였다 하면서 노는 동안 소근육 발달이 이루어지지요. 값비싼 돈을 들이지 않아도 집에 있는 재료를 사용해 아기에게 충분히 훌륭한 엄마표 교구를 선물해줄 수 있다는 사실을 잊지 마세요.

준비물
마스킹 테이프
① 준비한 마스킹 테이프를 바닥이나 테이블 등에 찢어서 붙이면 끝!

단아맘's Tip
- 마스킹 테이프를 바닥에 너무 밀착시켜서 붙이면 아기의 힘으로 떼어내기 어려우니 살짝만 붙여주세요.
- 마스킹 테이프로 아기의 이름을 한글이나 영어로 만들어 꾸며도 좋아요.

이 놀이를 할 땐 아기가 충분히 마스킹 테이프를 탐색할 시간을 주면서 기다려주세요. 엄마와 함께하는 놀이도 좋지만, 때로는 스스로 탐색할 시간을 충분히 주는 것도 정말 중요합니다. 저는 마스킹 테이프를 잘라서 'DANA'라고 만들어 바닥에 붙여주었는데요, 제가 놀이를 준비하는 과정부터 단아가 흥미롭게 쳐다보더라고요. 또한 아기 옷을 벗겨놓고 놀게 하니 더 자유롭게 손과 발을 쓰는 것 같았어요. 만일 아기가 앉을 수 있는 시기라면 아기를 앉혀놓고 마스킹 테이프를 발쪽에 붙여줘도 좋습니다. 발에 붙은 마스킹 테이프를 떼면서 손과 발의 협응력과 운동신경을 발달시킬 수 있습니다. 인지 발달에도 도움이 됨은 물론입니다.

10
집에서 만끽하는 자연의 색과 향
꽃 촉감 놀이

> 발달 영역
> 시각·촉각 자극
> 인지 발달

추천 연령 6개월 이상
준비 시간 5분
놀이 난이도 ★☆☆☆

플라스틱 통에 넣은 물이 밖으로 많이 튀거나 엎질러질 수도 있으니 보호자가 옆에서 잘 관찰해주세요.

아기에게는 길가에 핀 꽃, 바닥에 굴러다니는 돌멩이와 나뭇잎조차도 재미있는 놀잇감입니다. 자연이 아이들에게 선사하는 교육적 효과는 무궁무진하지요. 자연을 가까이 접한 아이들은 스트레스 지수도 낮고 정서적으로 안정됨은 물론이고, 감각과 두뇌도 건강하게 발달합니다. 집 밖에서 쉽게 구할 수 있는 꽃잎이나 나뭇잎 등의 자연물로 아기를 위한 촉감 놀이 교구를 만들어보세요.

준비물
플라스틱 통, 꽃잎, 나뭇잎, 수건

① 투명한 플라스틱 통에 물을 절반 정도 채워주세요. 이때 수건을 준비해 바닥에 깔아주면 바닥이 물로 흥건해지는 것이 방지됩니다.
② ①에 꽃잎과 나뭇잎을 넣어주세요.

단아맘's Tip
- 통 속의 물은 너무 차가운 물보다는 미지근한 물이 좋아요.

색색의 꽃잎과 나뭇잎을 눈으로 보고 만지며 자연을 느낄 수 있는 감각 놀이를 통해 아이는 자연스레 자연에 관심을 갖게 되고 자연의 소중함을 느끼게 됩니다. 아이가 자그마한 손으로 물속에 떠 있는 꽃잎과 나뭇잎을 잡아보려 시도하면서 정말 즐거워하더라고요. 통 속에 발을 넣을 수 있도록 도와주니 꼼지락꼼지락 발가락을 움직이거나 발장구를 치기도 하고요. 발도 손만큼 예민한 감각을 지닌 신체 부위이므로 촉감 놀이를 할 때는 손만 사용하게 하지 말고, 발로도 충분히 느낄 수 있도록 도와주고 격려해주세요.

11
바삭 달콤한 간식이 놀잇감으로 변신!
튀밥 양 센서리 백

발달 영역
시각·촉각 자극
인지 발달

추천 연령 6개월 이상
준비 시간 15분
놀이 난이도 ★☆☆☆

아기가 튀밥 양 센서리 백을 탐색하다 보면 자연스레 입으로 물어서 센서리 백이 터질 수 있어요. 아기의 입속에 비닐이 들어가지 않도록 잘 살펴봐주세요.

쌀 튀밥은 생후 6개월 정도가 된 아기들의 최애 간식입니다. 바삭한 식감과 달콤한 맛을 가진 쌀 튀밥 하나만 있으면 아기와 즐거운 촉감 놀이가 가능하지요. 센서리 백은 주머니 안에 다양한 재료를 넣어 아기가 촉감을 느낄 수 있게 만든 장난감인데요, 쌀 튀밥으로도 쉽고 간편하게 엄마표 센서리 백을 만들 수 있답니다. 쌀 튀밥을 넣은 센서리 백에 동물 모양 등으로 종이를 오려 붙이면 아기의 시선을 더욱 끌 수 있습니다.

준비물

쌀 튀밥(또는 팝콘, 떡뻥), 지퍼백(또는 비닐봉지, 전자레인지용 그릇 커버), 검은색 도화지, 가위, 솜, 접착제

① 준비한 지퍼백에 쌀 튀밥을 넣어주세요.
② 쌀 튀밥을 충분히 채웠다면, 입구를 밀봉한 뒤 동그랗게 만들어주세요.
③ 검은색 도화지를 잘라 양의 얼굴을 만들어주세요. 솜이나 눈을 붙여서 더욱 실감나게 꾸며도 좋습니다. 도화지가 남으면 다리도 만들어 붙여주세요.

단아맘's Tip

- 전자레인지용 그릇 커버를 사용하면 양의 동그란 몸통 느낌이 더욱 살아나요.
- 쌀 튀밥 대신 팝콘이나 떡뻥 등 아기가 좋아하는 다른 간식을 채워 넣어도 괜찮아요.

쌀 튀밥으로 센서리 백을 만들기 전에 깨끗하게 청소한 놀이 매트 위에 튀밥을 뿌려주고 아기가 손으로 만져보고 맛보는 시간을 충분히 갖게 해주세요. 작은 튀밥을 집어 들어 올리는 활동은 소근육 발달에도 도움을 줍니다. 저는 단아가 좋아하는 동물인 양의 모양으로 쌀 튀밥 센서리 백을 만들어보았는데요, 주머니 표면을 만지며 튀밥의 오돌토돌한 질감을 느끼기도 하고, 양 머리에 붙은 솜, 다리와 같은 디테일한 부분까지 세심히 살펴보더라고요. 놀이의 마지막은 튀밥을 먹으며 행복한 '먹방'으로 마무리했습니다.

12
햇살만 있으면 어디서든 가능해요
그림자놀이

발달 영역
시각 자극
인지 발달

추천 연령 4개월 이후
준비 시간 없음
놀이 난이도 ★☆☆☆

그림자는 빛이 있는 곳이라면 어디서든지 관찰이 가능한 자연스러운 현상입니다. 빛과 소리의 움직임에 예민하게 반응하는 영아기의 아기들은 그림자를 매우 신기해하며 호기심을 갖고 바라봅니다. 그림자를 통해 아기는 사물의 움직임과 그 인과관계를 배워나가지요. 별도의 준비물이 없어도 즐겁게 할 수 있는 그림자놀이를 통해 아기와 행복한 교감의 시간을 가져보세요.

준비물
별도의 준비물 없음

① 햇살이 잘 들어오는 장소에서 아기와 해를 등지고 앉아 자리를 잡으세요.
② 손으로 여러 가지 동물 모양을 만들거나, 아기가 좋아하는 물건으로 그림자를 만들어보세요.

단아맘's Tip
- 그림자놀이는 밤에도 할 수 있어요. 단, 이때는 햇빛이 없기 때문에 손전등처럼 빛을 내는 조명이 필요해요. 암막 커튼이나 벽에 손전등 빛을 비추고 그 앞에서 손으로 동물 모양을 만드는 등 그림자놀이를 해보세요. 이때 '깡충깡충' '멍멍' 등 의성어로 동물 소리를 내주면 아기가 더욱 좋아한답니다. 밤에 하는 그림자놀이는 아기가 무서워할 수도 있으니 밝은 낮에 자연의 빛을 이용해 그림자놀이를 하는 쪽을 추천해요.

그림자놀이는 빛에 비춰지는 다양한 그림자 모양을 관찰하면서 아기의 상상력과 창의력을 자극시켜주는 놀이입니다. 준비물이 따로 필요 없는 초간단 감각 놀이이지만, 다채로운 방식으로 그림자를 만들며 아기도 엄마도 즐거운 시간을 보낼 수 있지요. 그림자를 만들어 보여줄 때 손동작에 살짝 변화를 주거나 흔들어주면 아기가 그림자의 움직임에 더욱 흥미를 보입니다. 아기의 손이나 발을 직접 햇빛이 비치는 바닥에 비추면서 그림자가 진 자신의 신체를 관찰하게 하는 것도 좋습니다. 그림자놀이를 통해 아기는 사물의 위치나 움직임에 따라 그림자의 크기와 모양이 바뀔 수 있음을 자연스레 이해하게 됩니다.

13
손에 쥐고 쉐킷쉐킷 흔들어봐
마라카스 악기 놀이

발달 영역
시각·촉각 자극
인지 발달

추천 연령 6개월 전후
준비 시간 10분
놀이 난이도 ★☆☆☆

물병 안의 내용물이 쏟아져 나오지 않도록 단단히 잠가주세요. 구강기 아기들은 물병을 입에 자주 댈 수 있으니 세척도 미리 꼭 해주는 것이 좋습니다.

마라카스는 라틴아메리카의 타악기로 흔들어서 소리를 내는, 연주법이 간단한 악기 중 하나입니다. 마라카스를 손에 쥐고 흔드는 것만으로도 소리를 경험할 수 있기 때문에 청각 발달에 도움을 주는 유익한 악기이지요. 생수나 음료수 등을 먹고 나면 생기는 플라스틱 물병과 휴지심을 재활용해 엄마표 마라카스를 만들어 아기가 악기에서 나는 소리를 천천히 탐색하게 해주세요.

준비물

플라스틱 물병, 크기가 작고 부딪히면 소리가 나는 재료(쌀, 콩, 비즈 등), 휴지심, 색 테이프

① 플라스틱 물병을 깨끗하게 세척해주세요.
② ①에 준비한 쌀, 콩, 비즈 등을 넣어주세요.
③ 휴지심을 약 5cm 정도로 자르고, 물병 뚜껑 쪽에 덧대어주세요.
④ ③의 휴지심을 색 테이프를 둘러 꾸며주세요.

단아맘's Tip

- 마라카스 안에 넣을 쌀이나 콩은 식용색소로 색을 입혀도 좋아요. 시각적으로도 호기심과 흥미를 유발할 수 있어요.
- 물병 뚜껑에 휴지심을 덧대는 이유는 아기의 작은 손으로 물병을 쥐기에는 물병의 부피가 크기 때문이에요. 물병 뚜껑 부분에 휴지심을 잘라 덧대어주면 아기가 쥐고 흔들기가 좀 더 수월해요.

아기의 청각은 오감 중에서 가장 빠른 속도로 발달합니다. 특히 생후 1년 동안 다양한 소리를 구분하는 능력을 키워나가는 것은 언어 발달의 큰 바탕이 되지요. 따라서 어릴 때부터 자연의 다양한 소리를 경험하게 해주면 좋습니다. 이 시기에 손을 직접 사용해 움직이면 두뇌 발달에 도움을 주기 때문에 마라카스 악기와 같은 장난감을 쥐고 흔들며 소리 자극을 경험하는 것을 권합니다. 아이가 스스로 두드리거나 흔드는 활동을 하며 연주의 즐거움을 느낄 수 있도록 도와주세요.

14
알록달록 말랑말랑 무지갯빛
오색 풍선 존

발달 영역
시각·촉각 자극
인지 발달

추천 연령 6개월 전후
준비 시간 10분
놀이 난이도 ★☆☆☆

풍선이 아기 입에 닿거나 터지지 않도록 유의해주세요.

풍선은 값도 저렴하고 구하기도 쉬우며 다양한 변형이 가능해서 아이들 놀이에 많이 활용되는 유익한 놀이 재료입니다. 알록달록 다양한 색깔의 풍선은 아기의 시각 발달에 도움을 주는 훌륭한 교구이지요. 뿐만 아니라 풍선 특유의 말랑말랑하면서도 탱탱한 촉감은 촉각 자극에도 탁월합니다. 풍선을 불어서 벽에 붙여주기만 하면 되는 초간단 오색 풍선 존을 함께 만들어볼까요?

준비물
다양한 색깔의 풍선, 스카치테이프

① 준비한 풍선들은 서로 다른 크기로 바람을 불어넣어주세요.
② 한쪽 벽면이나 바닥에 ①의 풍선을 스카치테이프로 붙여주세요.
③ 풍선 존에서 아기가 자유롭게 탐색할 수 있도록 해주세요.

단아맘's Tip

- 풍선 존을 만들 때 풍선들을 꼭 동일한 크기로 만들지 않아도 괜찮아요. 저는 다양한 크기로 풍선에 바람을 넣어주었는데요, 색깔뿐만 아니라 크기도 다양하면 아기의 흥미 유발에 좋답니다.
- 풍선에 바람을 너무 가득 채워서 풍선이 터지지 않도록 주의해주세요. 아기가 놀랄 수 있어요.

저는 햇볕이 잘 드는 거실 한 켠에 단아를 위한 오색 풍선 존을 만들어줬어요. 저는 놀이를 준비할 때 아기에게 준비 과정을 보여주는 편입니다. 놀이 준비 과정을 곁에서 미리 보면 그만큼 아기가 놀이에 더 흥미를 가지고 적극적으로 참여하는 데 도움이 되기 때문이에요. 다양한 색깔의 풍선을 한쪽 벽면에 붙여 오색 풍선 존을 마련해놓으니 단아가 자연스레 풍선 존으로 다가가서 천천히 살펴보기 시작하더니 어느 순간 풍선을 통통 쳐보며 신나게 탐색하더라고요. 특히 풍선 특유의 뽀드득 소리를 흥미로워했답니다.

15
푸르른 바다를 집에서 만나요
욕조 바다 동물 탐험

발달 영역
오감 자극
인지 발달

추천 연령 6개월 이후
준비 시간 5분
놀이 난이도 ★☆☆☆

아기가 큰 욕조 안에서 물놀이하는 것을 무서워할 수 있습니다. 그럴 때는 아기가 평소에 쓰던 익숙한 아기 욕조를 사용해주세요. 또한 아기가 미끄러지지 않도록 보호자가 꼭 옆에서 지켜봐주세요.

시원한 파도 소리와 푸른빛, 다양한 해양 동물이 살고 있는 바다! 간단한 재료만 준비하면 집에서도 바다 탐험을 할 수 있어요. 목욕할 때 아기 욕조 안에 식용색소와 바다 동물 피규어를 추가해서 특별한 목욕 놀이를 해보면 어떨까요? 흥미와 재미는 물론이고, 새로운 시각적 경험을 할 수 있는 시간이 될 거예요.

준비물

욕조, 식용색소, 바다 동물 피규어

① 아기가 엎드려 놀 수 있을 정도의 높이로 따뜻한 물을 욕조에 담아주세요.
② 욕조 속에 파란색 식용색소를 두세 방울 넣고 잘 섞어주세요.
③ 준비한 여러 가지 바다 동물 피규어를 ②에 넣어주세요.

단아맘's Tip

- 식용색소를 너무 많이 넣을 필요는 없습니다. 욕조에 식용색소를 넣기 전, 작은 대야나 세면대에 물을 받아서 식용색소를 한두 방울 떨어뜨려보고 아기가 색소가 물에 번지는 모습을 관찰하면서 어떤 반응을 보이는지 살펴보세요.

   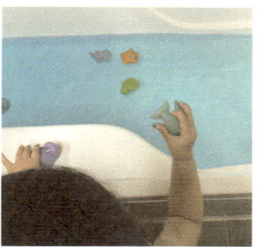

물은 아기의 다양한 감각을 깨우는 훌륭한 학습 도구 중 하나입니다. 그래서 목욕 시간을 통해 다양한 감각 자극을 제공하는 것이 중요한데요, 따뜻한 수면의 온도를 느끼고, 물이 튈 때의 느낌을 경험하고, 물 위에 둥둥 떠 있는 장난감을 만져보고, 물의 냄새를 맡을 수 있게 해주세요. 욕조 바다 동물 탐험 활동은 아기의 오감을 깨워줄 뿐만 아니라 언어 및 인지 발달을 돕는 독후 활동과도 연계할 수 있어요. 아기와 책을 통해 해양 동물들을 익힌 뒤 욕조 바다 동물 탐험 활동을 하면, 바다 동물의 생김새와 명칭을 자연스럽게 익히게 될 거예요.

16
붓 대신 손발로 그림을 그려요
손&발 페인팅

발달 영역
시각·촉각 자극
인지 발달

추천 연령 6개월 전후
준비 시간 5분
놀이 난이도 ★☆☆☆

물감 놀이를 하기 전,
아기의 손목이나 팔 안쪽에
물감을 살짝 묻힌 후
피부에 이상 반응이 없는지
확인하고 사용하세요.

붓 대신 손에 물감을 묻혀 그림을 그리는 핑거 페인팅은 아기들의 감각을 발달시키는 데 좋은 활동입니다. 손가락을 사용해 자유롭게 그림을 그리는 경험은 소근육 발달을 돕고, 창의력 발달에도 도움이 되지요. 손뿐만 아니라 발바닥에도 물감을 묻혀 그림을 그리면 더욱 많은 자극을 경험할 수 있습니다.

준비물
유아용 물감, 상자, 가위, 도화지, 붓(선택), 이젤(선택)

① 상자를 가위로 오려서 팔레트를 만들어주세요. 이때 아기 손이 들어갈 수 있는 작은 구멍을 내주면 더 좋습니다.
② ①의 팔레트에 물감을 골고루 짜주세요.
③ 아기의 손과 발에 물감을 묻혀 도화지에 그림을 그리게 해주세요.

단아맘's Tip
- 아기가 손이나 발에 물감이 묻는 것을 싫어한다면, 붓이나 공, 풍선 등 다양한 도구에 물감을 묻혀서 그리게 해주세요.
- 옷이나 집 안에 물감이 묻어 지저분해지는 것이 염려된다면 바닥에 신문지나 큰 종이를 깔거나 놀이 매트 위에서 놀이를 진행해주세요. 아기에게 미술용 가운이나 엄마 아빠 옷 중에서 물감이 묻어도 되는 헌 옷을 입히면 빨래 걱정이 한결 줄어들어요.

아직 말이나 글로는 자신의 뜻을 표현하지 못하는 유아기의 아이들은 미술 놀이를 통해 자신의 감정도 자유롭게 표현하면서 소근육을 발달시키고 눈과 손의 협응력도 높일 수 있습니다. 그림을 그리는 아기의 손짓이 서툴다고 엄마가 주도해서 그림을 그리기보다는 아기가 마음껏 표현할 수 있도록 도와주세요. 아기에게 현재 색칠하고 있는 색상들을 설명해주는 것도 좋습니다. 아기의 첫 작품을 잘 말려서 집 안에 전시해두고 즐거웠던 놀이 시간을 추억해보세요.

17

손으로 만지며 자연의 모습을 익혀요
업그레이드 촉감 놀이 보드

> **발달 영역**
> 시각·촉각 자극
> 인지 발달

추천 연령 6개월 전후
준비 시간 20분
놀이 난이도 ★☆☆☆

글루건을 활용해 재료를 붙일 때, 뜨거운 열에 의해 화상을 입지 않도록 주의해주세요. 또한, 모루 철사 끝이 날카로우니 아기가 다치지 않도록 안전하게 마감해주세요.

이번에 소개하는 촉감 놀이 보드는 '물티슈 캡 촉감 놀이 보드'에서 한 단계 더 업그레이드한 버전입니다. 부드럽고 말랑말랑한 폼폼이부터 단추, 털실 등 집에서 흔히 구할 수 있는 재료들을 활용해 들판과 꽃과 나무, 나비, 구름과 하늘 등을 창의적으로 표현하여 아기의 감각을 깨우는 세상에 단 하나뿐인 엄마표 감각 교구를 만들어보세요.

준비물

하드보드지 또는 상자, 폼폼이, 단추, 지퍼, 털실, 모루 철사, 색 테이프, 글루건 또는 양면테이프

① 준비한 재료들을 하드보드지나 상자에 글루건 또는 양면테이프로 붙여주세요.
② 이때 재료의 특성을 활용해 꽃, 나비, 나무, 구름, 해 등 다양한 자연물들의 모습을 만들어보세요.

단아맘's Tip

- 아기가 촉감 놀이 보드를 충분히 탐색할 수 있도록 보호자는 옆에서 지켜봐 주세요.
- 하드보드지나 상자에 붙은 재료들을 아기가 손으로 뜯어서 입에 넣지 않도록 잘 관찰해주세요.
- 글루건을 사용하지 않을 때는 받침대 위에 올려놔주세요. 글루건을 옆으로 뉘여서 두면 뜨거운 열에 의해 녹은 심지가 바닥이나 주변 물건에 붙을 수 있어요. 또한 글루건 사용 전엔 주변을 미리 깨끗하게 정리해두세요.

아기는 매일 보고 듣고 느끼고 맛보는 모든 것들을 통해 앞으로 세상을 살아가는 데 필요한 지식을 습득합니다. 다양한 사물의 질감을 만져보고 탐색할 수 있는 촉감 놀이 보드는 감각 발달을 위한 최고의 엄마표 교구입니다. 코로나 시대에 태어난 아기들은 외출 기회가 상대적으로 적었을 텐데요, 저는 자연의 모습을 보여주고 싶은 엄마의 마음을 듬뿍 담아 창의적으로 꾸며보았답니다. 아기의 연령이 조금 많다면 아이 스스로 직접 다양한 재료를 가지고 촉감 놀이 보드를 만들게 하는 것도 좋습니다.

18
말랑말랑 오색 빛깔
무지개 하트 젤리

발달 영역
시각·촉각 자극
소근육 발달
인지 발달
정서 발달

추천 연령 6개월 전후
준비 시간 30분 +
　　　　　　젤라틴 굳히는 시간
놀이 난이도 ★☆☆☆

식용색소를 입힌 젤라틴은 먹어도 되는 재료이지만, 젤라틴을 한 번도 접해보지 않은 아기라면 알레르기 반응은 없는지 테스트하는 단계가 필요합니다.

젤리, 푸딩, 떠먹는 요구르트 등 아이들이 좋아하는 다양한 간식의 원재료로 사용되는 젤라틴은 말랑말랑한 촉감 때문에 손으로 만지고 노는 오감 놀이에도 이용하기 좋은 재료입니다. 젤라틴 가루를 녹인 후 식용색소로 색을 입혀 만든 무지개 하트 젤리는 촉각 자극뿐만 아니라 색 인지 발달에도 도움을 줍니다. 또한 자유롭게 만지고 뭉개는 동안 스트레스도 해소되어 정서 발달에도 좋습니다.

준비물

젤라틴 가루, 물, 식용색소, 실리콘 몰드, 계량컵, 혼합용 그릇이나 컵, 중탕용 그릇, 쟁반

① 비율에 맞게 계량한 물과 젤라틴 가루를 그릇이나 컵에 넣어주세요. (젤라틴과 물의 비율=1:5 또는 1:3 추천).
② ①의 젤라틴 가루를 찬물에 잘 섞어서 10분간 불려주세요.
③ 불린 젤라틴 가루를 약한 불로 끓이거나 따뜻한 물로 데워주세요. 전자레인지에 1분 정도 돌려줘도 괜찮아요. 이때 숟가락으로 휘휘 저어서 투명해질 때까지 잘 녹여주세요.
④ 젤라틴 가루가 잘 녹았다면, 원하는 색상의 식용색소를 두세 방울 떨어뜨려주세요.
⑤ 색소를 섞은 젤라틴 용액이 굳기 전에 실리콘 몰드에 ④를 붓고, 약 40분~1시간 정도 냉장 보관해주세요.
⑥ 냉장고에서 실리콘 몰드를 꺼내 굳은 젤리를 하나씩 빼내어 놀이 트레이나 쟁반, 테이블 등에 올려놓고 아기가 자유롭게 만져볼 수 있게 해주세요.

단아맘's Tip

- 저는 젤라틴 가루와 물의 비율을 1:5로 하여 젤리를 만들었어요. 이 비율로 만들면 부드럽고 말랑말랑한 촉감의 젤리가 만들어져요. 좀 더 탱탱한 질감으로 만들고 싶다면 물의 양을 조금 줄여서 젤라틴 가루와 물의 비율을 1:3 정도로 해서 섞어주세요.

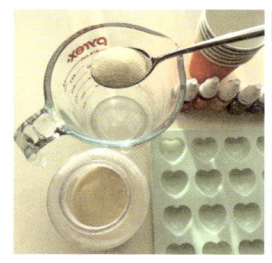   

19
안전하게 즐기는 감각 놀이 교구
컬러 센서리 백

○ 발달 영역
시각·촉각 자극
인지 발달

추천 연령 6개월 전후
준비 시간 5분
놀이 난이도 ★☆☆☆

지퍼백에 든 물이
새어나오지 않도록
지퍼백 입구를 단단히
마감해주세요.

센서리 백은 지퍼백 등과 같은 비닐 안에 다양한 촉감의 재료를 넣어 만지고 볼 수 있는 감각 놀이 주머니입니다. 6개월 전후의 아기부터 서너 살 정도의 아이까지 두루 좋아하는 오감 놀이 교구이지요. 센서리 백은 질감이 다른 여러 재료를 넣고 단단히 밀봉하여 만들기 때문에 모든지 입으로 가져가는 구강기 아기도 안전하고 즐겁게 가지고 놀 수 있습니다. 이번에 소개하는 센서리 백은 오직 물과 식용색소로만 만든 초간편 센서리 백입니다.

준비물
지퍼백 3장, 물, 다양한 색의 식용색소, 스카치테이프

① 준비한 지퍼백에 물을 절반 정도만 채워주세요.
② 각각의 지퍼백에 식용색소를 두세 방울 넣어주세요. 저는 빨강, 노랑, 파랑 식용색소를 넣어주었어요.
③ 지퍼백 안의 공기를 최대한 빼고, 입구를 단단히 밀봉해주세요.
④ 지퍼백 입구 부분을 스카치테이프로 한 번 더 마감해주면 좋아요.
⑤ 색색의 센서리 백을 일렬로 겹쳐서 바닥이나 창가에 붙여주세요.

단아맘's Tip
- 지퍼백에 쓰인 브랜드명은 화장솜이나 면봉에 네일 리무버를 묻혀서 닦아내면 깨끗이 지워져요.
- 지퍼백에 물을 가득 담지 말고 반 정도만 채운 뒤, 공기를 최대한 빼고 지퍼백을 밀봉해야만 아기가 지퍼백을 손으로 두들기고 탐색할 때 물의 찰랑거리는 촉감을 더욱 잘 느낄 수 있어요.

 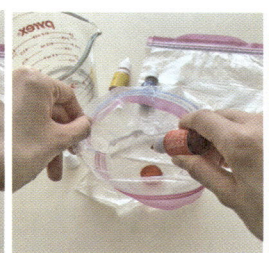  

컬러 센서리 백은 색상의 혼합과 같은 색 인지를 발달시키는 데 도움을 줍니다. 가령, 빨강과 노랑이 합쳐지면 주황이, 노랑과 파랑이 합쳐지면 초록이 된다는 사실을 직관적으로 배우게 되지요. 컬러 센서리 백을 창가에 붙여놓으면 아기는 자연스레 햇빛에 투과된 예쁜 빛을 관찰할 수 있는데, 이는 시각 자극에도 긍정적인 영향을 미칩니다. 센서리 백은 물이나 식용색소 외에도 헤어젤, 쉐이빙 폼, 물감 등 다양한 재료를 활용해 만들 수 있습니다.

20
데굴데굴 스트라이크!
휴지심 볼링

발달 영역
시각·촉각 자극
인지 발달

추천 연령 6개월 이상
준비 시간 10분
놀이 난이도 ★☆☆☆

휴지심 볼링을 할 때 주변에 깨질 위험이 있는 화분이나 다른 위험한 물건은 없는지 확인하고 주변을 깨끗하게 정리해주세요.

재활용품을 활용한 엄마표 놀이는 아이에게 환경보호의 중요성을 느끼게 해주기에 더욱 의미가 있습니다. 휴지를 다 쓰고 나면 늘 생기는 휴지심을 그냥 버리지 말고 볼링핀으로 만들어 아기와 함께 즐거운 볼링 놀이를 해보면 어떨까요? 완성된 휴지심 볼링핀을 차례로 세우고, 아기에게 집에 있는 장난감 공을 볼링공 삼아 굴려 핀을 쓰러뜨리게 해보세요. 핀이 쓰러질 때마다 박수를 쳐주며 '스트라이크!'라고 신나게 외쳐주면, 아기가 무척 즐거워할 거예요.

준비물
휴지심 10개, 색 테이프(색종이, 스티커 등 꾸밈 재료), 공

① 준비한 색 테이프 또는 색종이, 스티커 등으로 휴지심을 예쁘게 꾸며주세요.
② 완성된 휴지심 볼링핀을 한곳에 잘 세워두고 공을 굴려 쓰러뜨리게 해보세요.

단아맘's Tip
- 볼링핀을 꾸밀 때 아기를 참여시켜도 좋아요. 색 테이프나 색종이를 붙이는 정교한 작업은 엄마가 하고 아기는 그 위에 스티커를 붙이는 등 쉬운 작업을 하도록 도와주세요.
- 휴지심 대신 음료수나 생수 페트병을 사용해도 괜찮아요.

아기가 혼자 앉을 수 있는 시기가 되면 엄마 아빠와 함께 공을 앞뒤로 굴리는 방법을 배울 준비가 되었다고 볼 수 있습니다. 공놀이는 아기 뇌의 전두엽을 자극하고 신체 발달은 물론, 자기 통제력과 사회성, 주의력과 집중력을 키우는 데 도움이 됩니다. 또한 운동 능력을 개발하는 데에도 유익합니다. 공은 한쪽 방향으로만 굴러가지 않기 때문에, 공을 굴릴 때 아기는 몸의 균형을 유지하기 위해 노력하게 되고 이는 균형 감각 발달로 이어지지요. 아기는 부모와 함께 놀면서 상호 유대감을 키웁니다. 그리고 서로에게 공을 굴리면서 '내 차례'와 '엄마/아빠 차례'를 알게 되면서 순서의 개념도 익히지요. 코로나19로 인해 외부 활동을 많이 하지 못하는 우리 아이들을 위해 휴지심 볼링 같은 실내 놀이를 하면서 신체와 정서를 건강하게 발달시켜주세요.

21
찰랑찰랑 물속 귀여운 꼬마 물고기들
물풍선 어항 물병

> **발달 영역**
> 시각 자극
> 소근육 발달
> 대근육 발달

추천 연령 6개월 전후
준비 시간 20분
놀이 난이도 ★☆☆☆

물풍선이 터지지 않도록 물을 너무 가득 채우지 마세요. 또한 물병 뚜껑이 열리지 않도록 단단히 닫아주세요.

이번에는 '터미 타임tummy time' 동안 해봄직한 엄마표 놀이를 알려드릴게요. 터미 타임은 아기가 바닥에 배를 대고 엎드려 있는 시간 또는 그런 행동을 의미하는데요, 어느 정도 목을 가눌 수 있어야 터미 타임이 가능합니다. 터미 타임을 할 때 데굴데굴 물병 굴리기 놀이를 하면 시각 자극은 물론이고 목 근육의 힘이 길러집니다.

준비물
길쭉한 플라스틱 물통, 물풍선, 매직 또는 네임펜, 파란색 식용색소나 물감(선택)

① 다양한 색상의 물풍선에 적당량의 물을 담고 묶어주세요.
② 물풍선에 매직 또는 네임펜 같은 유성펜으로 물고기 눈을 그려주세요.
③ 길쭉한 플라스틱 물통에 물을 1/3 정도 채워주세요.
④ 물풍선 물고기들을 플라스틱 물통에 넣어주세요.

단아맘's Tip
- 물을 채운 플라스틱 물통에 파란색 식용색소나 물감을 살짝 넣어서 어항 속 물고기가 움직이는 듯한 모습을 연출해보세요.

터미 타임이 가능한 6개월 전후 아기라면 데굴데굴 굴러가는 물병을 손으로 굴리거나 잡으러 가는 등의 활동을 통해 소근육과 대근육을 발달시킬 수 있어요. 만일 아이가 돌 전후 시기라면, 욕조나 뚜껑이 없는 넓은 플라스틱 통에 물풍선을 자유롭게 넣고 빼는 식의 물풍선 감각 놀이를 추천합니다. 물이 채워진 말랑말랑한 물풍선 특유의 질감을 아이들이 무척 좋아할 거예요.

22

반짝이는 별을 손으로 조물조물
스팽글 센서리 백

발달 영역
시각·촉각 자극
인지 발달

추천 연령 6개월 전후
준비 시간 5분
놀이 난이도 ★☆☆☆

지퍼백에 든 물이나 스팽글이 새어나오지 않도록 지퍼백 입구 쪽을 테이프 등으로 단단히 마감해주세요.

센서리 백은 모든 것을 입에 넣는 구강기 아기도 안전하게 감각 놀이를 즐길 수 있는 교구예요. 앞서 '튀밥 양 센서리 백'과 '컬러 센서리 백'을 만들어봤는데요, 이번에는 반짝거리는 스팽글로 아이의 시각을 자극해주는 센서리 백 만드는 방법을 알려드릴게요. 지퍼백으로 만든 센서리 백은 휴대도 간편해서 외출할 때 아기 놀잇감으로 안성맞춤이랍니다.

준비물

지퍼백, 스팽글, 물, 스카치테이프, 너비가 넓은 다용도 테이프

① 준비한 지퍼백에 물을 절반 정도만 채워주세요.
② ①의 지퍼백에 준비한 스팽글을 넣어주세요.
③ 지퍼백 안의 공기를 최대한 빼고, 입구를 단단히 밀봉해주세요.
④ 지퍼백 입구 부분을 스카치테이프로 한 번 더 마감해주면 좋아요.
⑤ 완성된 스팽글 센서리 백을 바닥이나 테이블에 너비가 넓은 다용도 테이프로 붙여주세요.

단아맘's Tip

- 물과 스팽글을 섞은 지퍼백은 지퍼백 입구를 조금씩 닫아가면서 공기를 서서히 빼주세요. 이때 물을 넣은 지퍼백 안에 공기 방울이 생기게 되는데 공기 방울이 생긴 부분은 손으로 지퍼백 표면을 평평하게 쳐서 공기를 최대한 빼고 서서히 지퍼백 입구를 밀봉해주세요. 지퍼백 안에 물을 가득 채우기보다 지퍼백의 1/5 정도만 채워야 공기를 빼기가 수월합니다.

센서리 백을 활용한 확장 놀이 – 오일 센서리 백

물이 담긴 지퍼백 안에 기름과 식용색소를 섞어 넣어주면 보다 더 재미있는 센서리 백이 완성돼요.

① 지퍼백 안에 식물성 기름이나 베이비오일을 두 방울 정도 넣어주세요.
② ①의 지퍼백 안에 식용색소를 섞은 물을 조금 넣어주세요.
  (물과 기름의 양은 지퍼백의 크기에 따라 가감해주시면 돼요)
③ 지퍼백 안의 공기를 최대한 빼고, 입구를 단단히 밀봉한 후 지퍼백 입구 부분을 스카치테이프로 한 번 더 단단히 마감해주세요.

23
물감이 뽁뽁 터지며 번져요
에어 캡 물감 놀이

발달 영역
시각·촉각 자극
창의력 발달
감성 발달

추천 연령 6개월 이후
준비 시간 10분
놀이 난이도 ★☆☆☆

물감이 묻을 수 있으니
아기에게 미술용 가운이나
엄마 아빠 옷 중에서
물감이 묻어도 되는
헌 옷을 입히면 좋아요.

어린 시절에 흔히 '뽁뽁이'라고 불리는 에어 캡을 터트리며 즐겁게 놀았던 기억이 다들 한 번쯤은 있을 텐데요. 에어 캡 하나만 있으면 아직 말하거나 걷지 못하는 6개월 전후 아기도 멋진 예술 작품을 만들 수 있답니다. 에어 캡은 택배로 물건을 주문하면 거의 늘 딸려오는 포장재이니 그냥 버리지 말고 집에 구비해두었다가 우리 아기를 위한 멋진 놀잇감으로 활용해보세요.

준비물
에어 캡, 다양한 색상의 물감, 흰색 도화지, 가위, 너비가 넓은 다용도 테이프

① 흰색 도화지를 적당한 크기의 하트, 네모 등의 모양으로 오려주세요.
② 에어 캡도 ①의 도화지와 같은 크기로 오려주세요.
③ ①의 도화지 위에 다양한 색상의 물감을 짜주세요.
④ ②의 에어 캡을 ③의 도화지 위에 덮어주세요.
⑤ 완성된 것을 바닥이나 테이블에 놓고 너비가 넓은 다용도 테이프로 붙여주세요.

단아맘's Tip

- 도화지 위에 너무 많은 양의 물감을 짜면 에어 캡을 덮었을 때 테두리 밖으로 물감이 새어나올 수 있어요. 따라서 물감은 도화지 주변보다는 안쪽에 짜주는 것이 좋아요. 또한 놀이 전 미리 바닥에 신문지를 깔아두거나 놀이 매트 위에서 하는 것을 추천해요.
- 에어 캡 물감 놀잇감을 만들기 전, 아기에게 에어 캡을 미리 탐색할 시간을 주세요. 아기가 올록볼록한 부분을 만져보고 터뜨려보기도 하면서 그 느낌과 소리를 경험할 때 아기가 느끼고 있을 감각을 옆에서 설명해줘도 좋아요.
- 아기가 에어 캡 물감 놀이를 하면서 물감 사용에 관심을 보인다면, 직접 손에 물감을 조금 묻혀서 도화지에 자유롭게 그릴 수 있도록 유도해보세요.

에어 캡을 활용한 확장 놀이 - 에어 캡 도장 찍기

아기가 도구를 사용할 줄 안다면 숟가락이나 다 사용한 휴지심 위쪽에 에어 캡을 꽁꽁 싸맨 후 고무줄로 묶어주세요. 에어 캡으로 만든 도장에 물감을 묻혀 도화지에 콩콩 자유롭게 찍으며 놀 수 있어요. 에어 캡 도장 찍기 놀이를 하기 전에 엄마가 도화지 위에 미리 밑그림을 그려놓으면 더욱 좋아요.

24
쫄깃쫄깃 탱글탱글
컬러 국수 촉감 놀이

> **발달 영역**
> 시각·촉각 자극
> 인지 발달

추천 연령 6개월 이후
준비 시간 30분
놀이 난이도 ★☆☆☆

놀이 전 이유식에 밀가루를 소량 넣어서 알레르기 테스트를 거친 후 컬러 국수 촉감 놀이를 하는 것이 안전해요. 알레르기 테스트를 했더라도 놀이하기 직전에 아기에게 삶은 소면을 소량 줘서 잠시 가지고 놀게 한 뒤 이상 반응이 없는지 살펴보세요.

국수를 이용한 촉감 놀이는 아기의 오감 발달을 위한 첫 놀이로 단연코 빠질 수 없는 감각 놀이 중 하나입니다. 국수를 만지고, 냄새를 맡고, 맛보는 등의 과정은 아기의 감각기관을 자극하고, 손을 많이 사용하는 만큼 두뇌 발달에 도움이 되지요. 무엇보다 국수는 쉽게 구할 수 있고, 부서지거나 깨질 위험도 없으며, 먹을 수 있기 때문에 집에서 안전하게 아기가 감각 놀이를 하기에 유용한 재료입니다.

준비물

국수(소면), 식용색소, 냄비, 물, 채반, 볼이나 그릇

① 냄비에 물을 넣고 끓여주세요. 물이 보글보글 끓기 시작하면 준비한 국수를 넣어주세요.
② 국수를 삶을 때, 식용색소를 소량 넣어주세요. 식용색소를 넣을 때는 국수의 양에 따라 넣어주면 되는데 처음에 서너 방울 넣어주면서 끓여주다가 발색이 흐릴 경우 몇 방울 더 추가해주세요. 식용색소는 국수를 다 삶고 난 뒤에 섞어도 괜찮아요.
③ 국수는 5분 이상 푹 익혀주세요. 보통 3분 내외면 다 삶아지지만, 푹 익혀야 면이 잘 끊어지지 않아서 아기가 놀기에 좋아요.
④ 잘 삶아진 국수는 채반 위에 놓고 찬물로 헹궈주세요.
⑤ 컬러 국수를 볼이나 그릇에 담아주세요.

단아맘's Tip

- 국수에 식용색소로 색을 입히는 방법은 위에서 보았듯이 두 가지인데요, 저는 국수를 삶을 때 색소를 넣어 함께 끓이는 방법을 주로 사용해요. 삶은 후에 색소를 입히고 바로 놀이를 하면 손에 색소가 묻어나기 때문이에요. 국수를 삶을 때 색소를 넣어 함께 끓이면 국수에 색도 잘 스미고, 찬물로 헹구는 과정을 거치면서 겉에 남은 색소가 씻겨나가 손에 잘 묻어나지 않아서 아기가 가지고 놀 때 한결 안심이 돼요.

국수 촉감 놀이는 오감 발달을 위한 아기의 첫 감각 놀이로 한 번쯤은 꼭 하게 되는 놀이예요. 단순히 삶은 국수만 만지게 할 수도 있지만, 앞서 소개한 것처럼 국수에 식용색소를 입혀주면 다양한 색감이 아이의 호기심을 자극하고 시각 발달에도 도움을 줍니다. 소면 대신 마카로니, 펜네, 푸실리 등 다양한 모양의 파스타 면을 활용해 국수 촉감 놀이를 확장해보는 것도 추천해요.

아기에게 밀가루 알레르기 테스트를 언제, 어떻게 해야 하나요?

밀가루 알레르기는 생후 7개월 이전에 이유식을 통해 테스트해보는 것이 좋습니다. 이 시기에 밀가루에 노출시키면 오히려 알레르기 위험이 줄어든다는 미국소아과협회의 연구가 있어요. 만약 생후 7개월이 되도록 이유식을 통해 밀가루 알레르기 테스트를 진행하지 않았다면, 당뇨병이나 밀 알레르기 위험성이 증가할 수 있다고 해요. 따라서 밀가루 알레르기 테스트는 7개월 이전에 꼭 하셔야 해요. 방법은 간단해요. 7개월 이전, 이유식 조리 마지막 단계에서 음식에 밀가루를 소량 넣어 익힌 후 아기에게 먹여보고, 피부에 이상 반응이 없는지 확인하면 됩니다.

25
젤라틴 젤리와는 또 다른 감촉
오색 빛깔 한천 젤리

발달 영역
시각·촉각 자극
인지 발달
정서 발달

추천 연령 6개월 이상
준비 시간 30분 + 한천 가루 굳히는 시간
놀이 난이도 ★☆☆☆

한천은 우뭇가사리(해초)를 가공한 식품으로 젤리나 양갱의 주재료입니다. 식이섬유가 풍부하고 칼로리도 낮은 안전한 식재료이지요. 한천으로 만든 젤리는 아기가 먹어도 될 만큼 식감이 부드럽답니다. 뜨거운 물에 녹인 한천에 식용색소를 넣어 굳힌 젤리는 말랑말랑한 특유의 촉감과 알록달록한 색감이 아기에게 새로운 자극을 주지요. 부드러운 한천 젤리를 손으로 만지다 보면 스트레스도 해소되어 정서 발달에도 긍정적인 영향을 미칩니다.

준비물

한천 가루 10~15g(숟가락 1스푼 정도), 물 550ml, 식용색소, 종이컵 또는 실리콘 몰드, 혼합용 그릇이나 컵, 중탕용 냄비, 쟁반, 칼

① 준비한 물과 한천 가루를 그릇이나 컵에 넣고 잘 풀어지도록 섞어주세요.
② 한천 가루가 물에 잘 풀어졌다면, 5분 정도 불려주세요.
③ 한천 가루가 잘 불어났다면, ②의 그릇이나 컵을 중탕용 냄비에 넣고 데워주세요. 이때 중탕용 냄비의 물이 끓기 전에 불을 꺼주세요.
④ 열기를 살짝 식으면 굳기 전에 종이컵이나 실리콘 몰드에 ③을 부어주세요.
⑤ 종이컵이나 실리콘 몰드에 원하는 색상의 식용색소를 한두 방울 떨어뜨린 후 잘 섞어주세요.
⑥ ⑤를 서늘한 곳에서 굳혀주세요. 더 빠르게 굳히고 싶다면 냉장고에 약 1시간 정도 넣어두세요.
⑦ 종이컵이나 실리콘 몰드에서 굳은 젤리를 꺼내 깍둑 썰기로 잘라주세요.

단아맘's Tip

- 한천 젤리를 좀 더 단단하게 만들고 싶다면 한천 가루를 더 첨가하면 돼요.
- 한천 젤리를 굳힐 때, 아이가 좋아하는 작은 피규어를 넣어 굳히면 또 다른 놀이로 확장할 수 있어요. 아이가 젤리를 으깨고 부시다가 그 안에 숨겨진 피규어를 발견하는 또 다른 재미가 더해지지요.

외부의 과잉된 자극이나 생리적인 불편감 등으로 인해 아기들도 어른들처럼 스트레스를 받는답니다. 스트레스는 아기의 두뇌 발달과 성장, 정서에 영향을 줍니다. 따라서 아기의 스트레스를 예방하거나 해소시켜주는 것은 육아에서 참 중요한 부분인데요, 따스하고 부드러운 스킨십이나 베이비 마사지, 양육자와의 상호작용 놀이나 다양한 오감 놀이는 아기의 스트레스를 줄여줍니다.

육아,
유년을 두 번 경험하는 축복

아이와 함께 많은 시간을 보내고 계신가요?

내 아이가 행복해하는 모습을 볼 때 느끼는 감정은
세상에서 가장 좋은 감정 중 하나라고 해요.

사실 저는 '시간의 양'으로 따진다면
하루 중 많은 시간을 아이와 함께하지는 못하고 있답니다.
단아는 돌 무렵부터 어린이집에 등원하기 시작했는데요,

워킹맘으로 일하면서 단아를 처음으로
기관에 보내기로 결정했을 때
'이것이 맞는 선택일까?'
'이렇게 일찍 보내도 괜찮을까?' 하면서
정말 많은 고민을 했던 기억이 납니다.

처음에는 아이가 새로운 생활에 적응하느라

있는 힘껏 애쓰는 모습을 보며
잘한 선택일지 걱정하며 참 가슴이 아팠지요.

하지만 아이들은 어른들의 생각보다
강하고 유연한 존재라는 말이 맞는가 봅니다.
어느덧 단아는 어린이집 0세반 친구들 중에서
밥도 제일 잘 먹고 늘 방긋방긋 잘 웃는
분위기 메이커라고 하더라고요.

저는 요즘 단아와 보내는 시간의
'양'보다 '질'에 집중하고 있습니다.
아이와 함께하는 절대적 시간이 많으면 정말 좋겠지만
설사 그럴 수 없더라도 아이와 나 사이에 주어진 시간을
밀도 있게 보낸다면 그 역시
아이에게는 좋은 영향을 준다고 합니다.

그러므로 자신의 꿈을 위해
일을 하거나 공부를 하는 엄마들이
아이와 하루 종일 긴 시간을 함께하지 못한다고 해서
마음 아파하거나 죄책감을 갖지 않으셨으면 해요.

육아의 순간마다 '이게 과연 맞는 선택일까' 고민이 될 때
무엇보다 나 자신을 믿어야 하는 것 같아요.
아이가 가진 힘을 믿는 것 역시 필요할 테고요.

가끔은 나의 선택이 혹은 나의 양육 태도가
아이에게 어떤 결핍을 주지는 않을지 염려가 될 거예요.

하지만 우리 아이가 '완벽한 아이'라서 사랑스러운 것이 아니라
그저 '나의 아이'이기에 사랑스럽고 소중하듯,
아이들 역시 우리가 '완벽한 엄마'이기를 바라지 않는답니다.

지금까지도 분명 열심히 잘 해왔을 여러분,
한 생명을 이 세상에 데려온 위대한 엄마들,
부디 우리 스스로를 믿고 힘껏 힘을 내보자고요.

16개월 무렵이 되자 단아는 걷기도 제법 능숙해지고
하고 싶은 것도, 할 수 있는 일도 참 많아졌어요.

아이를 낳고 첫 1년 동안은
'어머나, 이제 목을 가누기 시작했구나!'
'세상에, 혼자서 저렇게 뒤집기를 하려고 애쓰다니!'
'언제쯤 아장아장 발을 떼고 걸을까?' 하면서
하루가 다르게 커가는 아이의 성장을 신기해하기도 하고,
그다음엔 어떤 변화를 보여줄지 기대를 품곤 했지요.

단아가 첫 걸음마를 뗐을 때는
마음속 깊은 곳에서 형용할 수 없는 감동이 밀려와
온몸에 전율이 흐르기도 했고요.

하지만 아이의 시선이 확장되고 동선이 넓어지자
기어 다니기만 할 때와는 전혀 다른 상황들이 생기더라고요.
호기심에 물건을 집으려다가 쓰러뜨린다든지

뒤뚱뒤뚱 걷다가 바닥의 물 컵을 엎지른다든지
하루에도 여러 번 크고 작은 사고가 일어나는 게 일상이 됐지요.

그런 모습을 볼 때마다
"단아야 안 돼!" "단아야, 하지 마!"라며
부정의 말로 가르치는 저 자신을 발견했습니다.

사실 아이들에게는 "안 돼"라는 무조건적인 금지보다
"이건 이렇게 하면 되는 거야"라고 아이가 취해야 할 행동을
긍정의 언어로 한 번 더 알려주는 편이
교육적으로도 더 효과가 좋다고 해요.

양육자들은 아이의 문제 행동만 지적하고
정작 다음번에 해야 할 바른 행동에 대해서는
아이에게 제대로 알려주지 않은 채
아이가 알아서 잘 하기를 기대하고 있는 건 아닐까요?

아이를 가르치는 저의 말을 되돌아보며
세상을 바라보는 저의 관점도
새삼 되돌아보게 되었습니다.
그리고 다짐했지요.

'엄마의 언어는 부정이기보다 긍정이어야겠구나.'
'무조건적인 금지보다는 유연한 대안을 모색해야 하는구나.'

이런 것을 보면, 육아는 부모가 아이를 키우는 과정인 동시에
아이도 부모에게 새로운 가르침을 주는 과정인 것 같습니다.

우리 아이가 똑똑하고 지혜롭고
건강하게 성장하길 바라는 마음은
모든 부모들의 바람일 거예요.

그렇다면 어떻게 해야 아이를
몸과 마음이 두루 건강한
전인적인 사람으로 키울 수 있을까요?

사람마다, 가정마다 저마다의 양육 철학이 있겠지만
저는 무엇보다 아이가 제 뜻대로
마음껏 움직일 수 있게 해주는 것을
육아의 우선순위에 두었습니다.

제가 '엄마표 두뇌 발달 놀이'를 주제로 책을 쓰게 된 것도
단아가 오감으로 세상을 감각하고
온몸으로 세상 속을 걷고 뛰고 노닐기를 바라며
그 연장선에서 꾸준히 다양한 놀이 방법을 구상하고
실제로 육아에 적용했던 과정이 차곡차곡 쌓인 덕분이에요.

아기의 움직임은 그 자체로 성장의 기반이 됩니다.
목을 가누고, 뒤집고, 기고, 앉고, 서고, 걷는 등
아기가 매일 반복하는 몸동작들은
뇌 발달에 긍정적인 영향을 미쳐서
아이가 살아가는 데 필요한 또 다른 새 기술을
습득하는 데 큰 도움을 줍니다.

그러므로 아이가 자유롭게 탐험할 수 있도록 도와주세요.
아이가 도전을 통해 새로운 운동 능력을 습득하고
안전한 환경 가운데에서 마음껏 움직일 수 있게 해주세요.

아이가 잘 걷지 못한다고
활발하게 탐색하는 것 같지 않다고
조바심을 내실 필요는 없습니다.
아이들마다 자기만의 성장 속도가 있으니까요.
충분히 서 있을 만한 몸의 근육이 생겨야
비로소 아이는 자기 힘으로 걸을 수 있습니다.

얼마나 빠른 속도로 성장하는지보다
세상을 얼마나 많이 경험하고 느끼며 배우는지가
더욱 중요하단 사실을 우리 엄마들이 꼭 기억했으면 해요.

조금 늦게 걸음마를 뗀 단아가 걷기에 막 익숙해져갈 무렵,
가족 여행으로 제주도를 간 적이 있어요.
그때 커다란 창 너머로 푸른 바다가 보이는 카페에서
창문 너머로 불어오는 제주의 바닷바람을 맞으며
한가로이 앉아 있었는데요,

자연의 싱그러운 바람이 너무 좋았던 걸까요?
단아가 용감하게 자리에서 벌떡 일어나더니
아장아장 창가 쪽으로 걸어가더라고요.
세상을 향해 한 발 한 발 나아가는 아이의 모습이
무척 대견한 동시에 가슴을 뭉클하게 만들더라고요.

그날 처음 만난 푸르른 바다는
아이의 가슴과 머릿속에 어떻게 기억되었을까요?

기다림은 부모가 아이에게 줄 수 있는
가장 큰 선물이라는 사실을 잊지 말고
아이의 천천하지만 건강한 성장을 늘 응원해주세요.

손을 더욱 정교하게,
두뇌 발달 놀이

26
동물 친구들을 구해내자!
동물 구출 대작전

> **발달 영역**
> 촉각 자극
> 소근육 발달
> 인지 발달

추천 연령 돌 전후
~36개월 이상
준비 시간 5분
놀이 난이도 ★☆☆☆

마스킹 테이프가 아이의 입에 들어가지 않도록 주의해주세요.

마스킹 테이프는 아이 손의 힘으로도 잘 찢어지고 쉽게 붙였다 뗄 수 있는 데다 색깔도 다양해서 소근육 발달 놀이를 하기에 매우 좋은 재료예요. 이번에 소개하는 놀이는 독서 활동과도 연계할 수 있어 인지 발달에도 도움을 줍니다. 아이들이 흥미를 갖는 주제 중 하나인 동물을 소재로 한 그림책은 집에 한 권씩 가지고 있을 텐데요, 동물 그림책에 나온 동물들의 생김새, 의성어와 의태어를 아이에게 설명해주고, 해당하는 동물 피규어 위에 테이프를 붙인 뒤 테이프를 떼게 해 구출시키는 놀이를 하면 더욱 효과적입니다.

준비물
동물 그림책(선택), 동물 피규어, 마스킹 테이프

① 아이가 좋아하는 동물 그림책을 함께 읽어주세요.
② 책 속에 나왔던 동물 피규어에 마스킹 테이프를 붙여주세요.
③ 아이 스스로 동물 피규어를 탐색해보며 마스킹 테이프를 뜯어낼 수 있도록 도와주세요.

단아맘's Tip
- 아이가 동물 피규어를 탐색하면서 낯설어한다면 엄마가 자연스럽게 옆에서 피규어에 붙은 마스킹 테이프를 떼어주면서 시범을 보여주세요. 단, 시범을 보인 후에는 아이 스스로도 해낼 수 있도록 아이에게 충분히 탐색할 시간을 주는 것을 잊지 마세요.

마스킹 테이프는 손쉽게 구할 수 있는 놀이 재료로 연령에 따라 다양한 활용이 가능합니다.

▶ **~6개월: 마스킹 테이프 떼기**

바닥에 마스킹 테이프를 붙이면 아기가 엎드려 터미 타임을 보낼 때 떼어내기 놀이를 할 수 있어요. '물풍선 어항 물병'의 놀이 방법을 참고하세요.

▶ **~12개월 전후**
- 피규어 같은 사물 위에 마스킹 테이프를 붙여서 아이가 뜯어낼 수 있도록 해요.
- 마스킹 테이프로 바닥에 자동차 도로를 만들고 자동차 장난감을 굴리게 해요.
- 마스킹 테이프로 거미줄 모양을, 끈끈한 면을 뭉쳐 공을 만들어서 던지고 붙이기를 해요.

27
구멍 속으로 공을 던져 골인!
컬러링 공 넣기

발달 영역
소근육 발달
인지 발달

추천 연령 돌 전후
~36개월 이상
준비 시간 20분
놀이 난이도 ★★★☆

놀이가 끝난 후 문 사이에 붙인 테이프를 꼭 제거해주세요. 투명해서 눈에 잘 보이지 않아 걸려 넘어질 수 있어요.

공놀이는 아이 발달에 많은 장점이 있습니다. 눈과 손의 협응력, 균형 감각, 소근육 발달은 물론이고, 문제해결력과 사회성을 기르는 데에도 많은 도움을 줍니다. 특히 작고 가벼운 볼풀공은 아이가 한 손으로 공을 잡고 목표물을 향해 던지는 연습을 하기에 적합해 아이의 첫 공놀이 도구로 추천합니다.

준비물
일회용 컬러 접시, 너비가 넓은 다용도 테이프, 볼풀공, 칼

① 일회용 컬러 접시를 준비하고 접시 안쪽의 동그란 부분을 선을 따라 칼로 오려주세요.
② 방문 양옆에 너비가 넓은 다용도 테이프를 일직선으로 붙여주세요.
③ 테이프의 끈끈한 면에 일회용 컬러 접시로 만든 링을 붙여주세요.
④ 다양한 색상의 볼풀공을 준비해 아이가 링 안으로 공을 넣도록 도와주세요.

단아맘's Tip
- 색깔이 있는 일회용 접시를 구하기 어렵다면, 일반 일회용 접시에 아크릴 물감으로 색칠해서 사용해도 괜찮아요.
- 빨간색 링에는 빨강 볼풀공을, 파란색 링에는 파랑 공을 넣는 등 링 색깔과 볼풀공 색깔을 맞춰 넣으면서 색 알아맞히기 놀이를 해보세요. 아이의 색 인지 능력이 높아져요.

 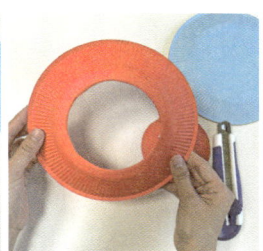  

엄마가 먼저 시범을 보여준 후에 아이가 컬러 링 접시 안에 스스로 공을 넣는 것을 시도하면서, 공을 골인했을 때의 성취감을 충분히 느끼고 탐색할 수 있도록 해주세요. 아이가 천천히 탐색하며 공 넣기에 도전하는 모습을 옆에서 관찰하다가 아이가 골인에 성공했을 때는 마음을 다해 박수를 쳐주고 호응해주며 따뜻하게 격려해주세요. 아이 혼자 해도 재미있는 놀이이지만, 형제자매나 엄마 아빠와 함께 게임처럼 할 수 있는 협동 놀이로도 매우 좋습니다.

28
통 속에서 오색 빛깔 스카프가 술술
매직 스카프

발달 영역
소근육 발달
인지 발달

추천 연령 돌 전후
준비 시간 20분
놀이 난이도 ★★☆☆

스카프가 아이 목에 감겨 질식의 위험이 생기지 않도록 보호자는 옆에서 잘 관찰해주세요.

돌 무렵 아이들이 물티슈 캡에서 물티슈를 하나둘 빼다가 결국 다 뽑아놓는 '사고'를 저지르는 모습을 종종 본 적 있으시죠? '매직 스카프'는 무언가를 쏙쏙 뽑고자 하는 소근육 발달 욕구를 마음껏 발산하게 도와주는 놀이예요. 부드럽고 가벼운 스카프는 훌륭한 감각 놀잇감인데요, 아이 얼굴에 부드럽게 떨어뜨려서 보드라운 느낌을 느껴보게 하거나, 스카프가 떨어지는 모습을 관찰하게 하는 등 다양한 방식으로 활용할 수 있답니다.

준비물

분유통, 여러 색상의 스카프, 칼

① 준비한 스카프들의 끝을 묶어 매듭을 지어주면서 이어주세요.
② 분유통 아래 바닥에 칼로 동그랗게 구멍을 뚫어주세요.
③ 분유통 뚜껑을 열어 ①의 스카프를 차례차례 넣어주세요.

단아맘's Tip

- 분유통은 종이 재질로 된 제품을 사용해야 구멍 뚫기가 편리해요. 분유통 대신 다 사용한 물티슈 캡이나 각티슈 상자를 사용해도 좋아요.

스카프를 활용한 확장 놀이 몇 가지를 더 알려드릴게요. 0~12개월 아이의 경우, 아이 앞에서 스카프를 머리 위로 올리거나 내리고 좌우로 흔들며 아이의 시선과 반응을 관찰할 수 있습니다. 또한, 스카프를 아이 얼굴 위로 살짝 떨어뜨려 천천히 떨어지는 스카프가 아이 피부에 닿으면 아이가 그 감촉을 느껴볼 수 있지요. 돌 무렵 정도의 아이라면 스카프 아래에 장난감, 책, 양말 등 작은 물건을 숨겨놓고 까꿍 놀이를 하며 '대상 영속성'의 개념을 익힐 수 있습니다. 또한 스카프를 던지거나 잡기 놀이 등을 통해 눈과 손의 협응력은 물론이고, 신체 놀이를 통한 운동 능력을 발달시킬 수 있습니다.

29
색깔에 맞춰 공을 붙였다 떼었다
나비 볼풀공

발달 영역
소근육 발달
인지 발달

추천 연령 돌 전후
~36개월 이상
준비 시간 20분
놀이 난이도 ★★★☆

볼풀공 날개를 벽면에 설치할 때 스카치테이프를 이용해 붙이게 되는데, 테이프를 뗄 때 벽면이 찢어지지 않도록 유의해주세요.

돌 무렵은 색 분류를 하기에는 이른 시기이지만, 이즈음 밝은 색상으로 아이의 시각을 많이 자극해주고, 색을 실제 사물과 연관 지어 보여주거나 알려주는 활동은 일찍 언어 교육을 시키는 것보다 아이의 두뇌 발달에 더 큰 도움이 된다고 해요. 빨강, 노랑, 파랑, 초록의 원색을 활용한 나비 볼풀공 놀이를 하며 나비의 날개 색상에 맞춰 볼풀공을 떼었다 붙였다 하다 보면 아이의 미세한 소근육뿐만 아니라 색을 구분하는 색 인지 능력도 성장할 거예요.

준비물

볼풀공, 시트지, 색상지 또는 원형 컬러 접시, 가위, 마스킹 테이프, 양면테이프

① 준비한 색상지를 원형으로 오려주세요.
② 벽면에 ①의 색상지를 나비 날개처럼 붙여주세요.
③ 나비의 몸통과 더듬이도 함께 꾸며주면 좋아요.
④ 각각의 나비 날개에 양면테이프를 붙이고, 그 위에 볼풀공도 붙여주세요.

단아맘's Tip

- 저는 나비의 날개를 해당하는 부분을 색상지를 오려 쓰는 대신 원형 컬러 접시를 활용해 만들었어요. 원형 접시를 사용하면 따로 오리지 않고 간편하게 준비할 수 있어요.
- 볼풀공을 날개에 붙일 때 아이가 쉽게 떼었다 붙였다 할 수 있도록 살짝 붙여주시면 좋아요.

미국 국립어린이병원의 신경과학 연구진의 발표에 따르면, '아이에게 밝은 색깔을 보여주며 시각적 자극을 주는 놀이를 통해 지능을 향상시킬 수 있다'고 해요. 아이는 생후 약 1개월이 되면 색상의 밝기와 강도를 감지할 수 있고, 생후 3개월 무렵에는 빨간색을 비롯한 몇 가지 기본 색상을 볼 수 있습니다. 그리고 6개월 이후에는 양쪽으로 사물을 보기 시작하면서 사물을 뚜렷하게 구별하고, 18개월경에는 다양한 색상을 인식하고 모양이나 크기, 질감의 차이점도 인식하게 됩니다. 아이의 성장 속도에 따라 조금씩 차이가 있겠지만 생활 속에서 색 인지 놀이를 하다 보면 자연스레 아이가 색을 구분하는 능력을 발달시킬 수 있어요.

30
나만의 느낌으로 그리고 색칠해요
그리기 캔버스 상자

발달 영역
소근육 발달
인지 발달
감성 발달

추천 연령 돌 전후
~36개월 이상
준비 시간 3분
놀이 난이도 ★☆☆☆

아이가 상자 안에 처음 들어간다면 낯설어할 수도 있어요. 아이에게 상자 안이 안전한 곳이라는 것을 확인시켜주고, 서두르지 말고 천천히 상자를 탐색해본 후 들어갈 수 있도록 유도해주세요.

택배 상자는 아이 놀잇감으로 활용되는 최고의 재료 중 하나입니다. 상자를 이용해 엄마 아빠가 직접 놀잇감을 만들 수도 있고, 아이가 다양한 채색 도구가 가득한 상자 안에 쏙 들어가서 상자 겉면에 그림을 그리는 활동을 할 수도 있어요. 아이가 그림 그리기에 몰두하는 동안 집중력이 향상되고, 자신의 마음을 표현할 줄 아는 능력이 키워집니다. 정해진 틀 없이 자유로이 그리는 시간을 통해 상상력과 창의적인 사고도 쑥쑥 자란답니다.

준비물
상자, 크레용이나 색연필 등 다양한 그리기 도구

① 아이가 상자에 들어가기 전, 상자를 들여다보기도 하고 만져도 보며 탐색할 시간을 충분히 주세요.
② 아이에게 상자에 그림 그리는 방법을 알려주고 시범을 보여주세요.
③ 아이가 상자 안에서 자유롭게 그림을 그릴 시간을 충분히 주세요.

단아맘's Tip

- 엄마의 주도하에 그리기보다는 아이가 정해진 틀 없이 상자 안에서 마음껏 자신의 마음을 표현할 시간을 주세요.
- 아이가 상자 안에 들어가기를 거부한다면 상자 밖에서 그리기 활동을 해도 괜찮아요.

그림 그리기는 아이들의 창의력 발달을 돕는, 매우 간단하면서도 효과적인 놀이입니다. 아이가 손에 채색 도구를 쥐고 힘을 조절하며 그리는 동안, 자연스레 소근육을 조절하는 힘도 길러지게 되지요. 소근육 운동이 중요한 이유는 모든 발달의 기본이 되기 때문입니다. 아이는 밥을 떠먹고, 옷을 갈아입고, 책장을 넘기는 등 생활의 모든 영역에서 손의 미세한 소근육을 사용합니다. 소근육을 사용하며 눈과 손의 협응력을 기르는 활동은 두뇌 발달에도 영향을 주지요. 택배 상자를 재활용한 '그리기 캔버스 상자'로 환경도 생각하고, 우리 아이의 감성 지수도 한층 더 높여주세요.

31
휴지심 통로를 따라 폼폼이가 데구루루
휴지심 폼폼 플레이 존

발달 영역
소근육 발달
인지 발달

추천 연령 돌 전후
~36개월 이상
준비 시간 10분
놀이 난이도 ★★★☆

크기가 작은 폼폼이를 아이가 입에 넣을 수도 있어요. 특히 구강기 아이들의 경우, 폼폼이를 입에 넣지는 않는지 보호자가 옆에서 잘 관찰해주세요.

아이가 매일 작은 손과 손가락을 움직이면서 미세한 운동 기술을 습득하는 것은 정말 중요합니다. 비싼 장난감 대신, 휴지를 다 쓰고 나면 생기는 휴지심을 활용해 소근육 발달 놀이 장난감 만드는 법을 알려드릴게요. 아이가 집게손가락으로 폼폼이를 잡고, 폼폼이를 휴지심 속에 넣고, 폼폼이가 떨어지는 모습을 보는 동안 소근육 발달은 물론이고, 눈과 손의 협응력도 쑥쑥 발달하는 놀이입니다.

준비물
휴지심 5~7개, 폼폼이, 가위, 양면테이프, 트레이 또는 바구니

① 휴지심들을 어떻게 배치할지 구도를 미리 설계하세요. 저는 한쪽은 일렬로 배치하고, 다른 한쪽은 휴지심을 반으로 잘라 지그재그로 배치했어요. 각도도 원하는 방향으로 자유롭게 설계하세요.
② 모아둔 휴지심들을 ①의 구도에 맞춰 양면테이프를 이용해 아이 손이 닿는 높이의 벽면에 붙여주세요.
③ 배치가 완성된 휴지심 플레이 존에 폼폼이를 굴려서 시뮬레이션 해보세요.
④ 떨어진 폼폼이를 받아주는 트레이나 바구니 등을 준비해주시면 좋아요.

단아맘's Tip
- 휴지심을 붙일 면은 먼지가 없도록 깨끗하게 닦아주세요. 그래야 양면테이프가 떨어지지 않아요.
- 아이에게 휴지심 플레이 존에 폼폼이를 넣는 모습을 먼저 시범을 보여주세요. 아이가 폼폼이 넣는 것을 시도하거나 성공했을 때는 옆에서 마음을 다해 격려와 칭찬을 아낌없이 해주세요.

'휴지심 플레이 존'에는 폼폼이 말고도 작은 구슬이나 공 등을 넣을 수도 있습니다. 하지만 이 놀이를 처음 할 때는 폼폼이를 추천해요. 가벼우면서도 작고 보드라운 재질이라 아이의 작은 손가락으로 집기에도 적절하고, 색상이 다양해서 호기심 많은 아이의 주의를 끌기에도 좋기 때문이지요. 휴지심의 각도를 조금씩 바꿔가면서 놀이의 난이도를 높여가면 아이가 지루해하지 않고 더 즐겁게 놀이를 즐길 수 있습니다.

32
위에서 공을 쏙 넣으니, 아래로 공이 쑥!
볼 드롭 상자

발달 영역
소근육 발달
인지 발달
사회성 개발

추천 연령 돌 전후 ~36개월 이상
준비 시간 15분
놀이 난이도 ★★★☆

상자를 동그랗게 오려낸 부분에 아이가 손을 다치지 않도록 마스킹 테이프를 한 번 더 둘러 붙여서 안전하게 마감 처리를 해주세요.

상자와 볼풀공은 엄마표 놀잇감의 빠지지 않는 주요 재료들인데요, 이 두 가지를 이용해 볼 드롭ball drop 상자를 만들 수 있습니다. 아이가 손을 뻗어 공을 잡고, 상자 구멍에 넣기 위한 시도를 하는 동안 손과 손가락의 힘, 눈과 손의 협응력이 절로 길러지지요. 아이 스스로 공을 구멍에 쏙 골인시켰을 때마다 폭풍 칭찬을 해주세요. 양육자의 격려는 아이의 성취감과 자존감 향상에 큰 도움이 됩니다.

준비물
상자, 가위 또는 칼, 마스킹 테이프, 볼풀공

① 상자에 볼풀공 사이즈를 기준으로 오려낼 부분의 밑그림을 그려주세요.
② ①의 밑그림을 따라 가위나 칼로 상자를 오려주세요.
③ 오려낸 부분은 마스킹 테이프를 둘러 붙여서 안전하게 마감해주세요.
④ 상자 옆면도 네모 모양으로 오려서 공이 나오는 입구를 만들어주세요.

단아맘's Tip
- 상자를 오려낸 부분은 안전을 위해 마스킹 테이프로 마감했는데, 이때 볼풀공 색상에 맞춰 각기 다른 색상의 마스킹 테이프를 둘러준 다음, 볼풀공과 상자의 색상을 일치시키는 색상 인지 놀이로 확장하면 색 인지 발달에 도움이 돼요.

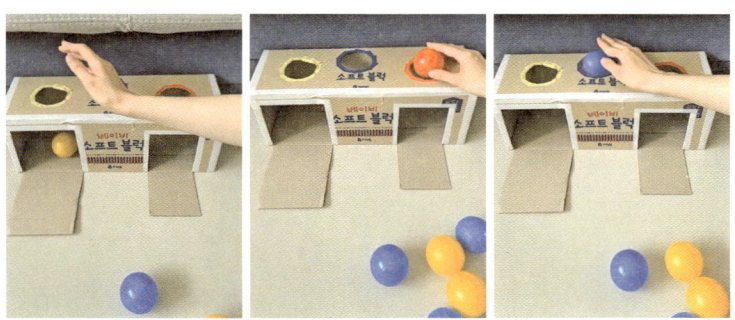

볼 드롭 상자 놀이를 할 때 엄마가 아이에게 먼저 공을 보여주고, 공을 상자에 떨어뜨리면 공이 빠르게 사라졌다가 다시 나타나는 모습을 확인시켜주세요. 상자 안에 공을 넣으면 공이 잠시 사라지지만, 사라지지 않고 다시 나타나는 공을 보며 아이는 '대상 영속성'의 개념도 익힙니다. 그다음 아이가 스스로 공을 잡고 상자 안의 구멍에 맞게 넣을 수 있도록 도와주세요. 만약 공을 놓치면 아이에게 공을 바로 갖다주지 말고, 아이 스스로 공을 향해 손을 뻗는지 잠시 지켜보세요. 아이가 앉아서 손을 뻗어 공을 잡는 과정은 균형 감각을 익히는 데 도움이 됩니다.

33
아름다운 날개를 달고 훨훨 날아보자
셀로판지 나비

발달 영역
소근육 발달
인지 발달

추천 연령 돌 전후
~36개월 이상
준비 시간 15분
놀이 난이도 ★★★☆

작은 셀로판지 조각들이 아이의 입에 들어가지 않도록 옆에서 잘 살펴봐주세요.

셀로판지는 예쁜 색상이 아이들의 호기심과 흥미를 자극하는 훌륭한 놀이 재료입니다. 작게 자른 셀로판지를 상자로 만든 나비 날개에 붙이는 동안 미세한 소근육도 발달하고, 아름다운 빛깔이 아이의 상상력과 감성을 일깨워주지요.

준비물
셀로판지, 상자, 접착 시트지 또는 박스 테이프, 가위나 칼, 실

① 상자에 나비 날개 모양으로 밑그림을 그려주세요.
② ①의 밑그림을 따라 가위나 칼로 상자를 오려주세요.
③ 두 장의 날개에 박스 테이프 또는 한쪽 면에 접착제가 발라진 접착 시트지를 붙여주세요.
④ 셀로판지를 여러 가지 모양으로 잘라주세요.
⑤ 상자로 만든 나비 날개의 끈끈한 접착 표면에 ④의 셀로판지를 붙여주세요.
⑥ 나비 날개 양 끝에 구멍을 뚫어 실 등을 꿰어 어깨에 멜 수 있게 해도 좋아요.

단아맘's Tip
- 가위를 사용할 수 있는 연령이라면 아이가 셀로판지를 직접 오리는 과정을 함께해도 좋아요. 이때 보호자는 아이가 가위를 안전하게 사용하는지 살펴봐주세요.
- 접착 시트지는 초등학교 인근 문구점에서 구입이 가능해요. 접착 시트지를 구하기 어렵다면 면적이 넓은 박스 테이프로 대체해서 날개 부분에 테이프를 붙이고 끈끈한 부분 위에 셀로판지를 붙이면 돼요.

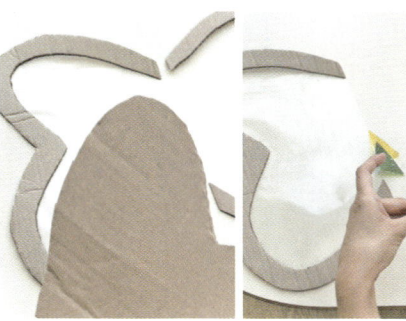

셀로판지는 여러 갈래의 창의 미술 놀이가 가능한 만능 재료입니다. 가령, 창문에 분무기로 물을 뿌린 뒤 여러 모양으로 조각낸 셀로판지를 붙여가면서 우리 아이만의 스테인드글라스를 만들 수 있지요. 또한 작게 자른 셀로판지를 동일한 색끼리 분류하거나 모양별로 분류하는 놀이도 가능합니다. 색과 색을 겹쳐서 새로운 색이 만들어지는 모습을 보여줄 수도 있습니다.

34
젤라틴에 갇힌 친구들아, 내가 너희를 꺼내줄게!
젤라틴 구출 대작전

발달 영역
소근육 발달
인지 발달

추천 연령 돌 전후
~36개월 이상
준비 시간 30분 +
젤라틴 굳히는 시간
놀이 난이도 ★★★☆

젤라틴은 동물의 가죽이나 연골을 구성하는 천연 단백질인 콜라겐에서 추출한 것으로 안전하고 촉감도 좋아 아이들 감각 놀이에 빠지지 않는 재료이지요. 젤라틴을 물에 넣어 녹여 그 안에 아이가 좋아하는 피규어를 넣고 굳힌 뒤, 젤라틴을 부수어 피규어들을 꺼내는 놀이를 해보세요. 촉각 자극과 소근육 발달은 물론이고, 피규어를 구출해내면서 성취감도 느낄 수 있습니다.

놀이를 하다 보면 주변이 지저분해질 수 있으니 놀이 매트 위에서 하거나 비닐 등을 바닥에 깔아주세요. 구강기 아이들이 입에 넣을 수도 있으니 젤라틴에 색을 내고 싶다면 물감 대신 식용색소를 넣어주세요.

준비물
젤라틴 가루 60g(밥숟가락 기준 4스푼), 찬물 500ml, 그릇, 식용색소, 종이컵, 트레이

① 그릇에 분량의 젤라틴 가루를 넣고 찬물을 부은 후 10분 정도 불려주세요
② ①의 젤라틴을 약불로 끓이거나 따뜻한 물에 중탕해서 녹여주세요. 젤라틴이 다 녹으면 투명한 물로 변해요.
③ 준비한 종이컵에 원하는 색상의 식용색소를 3~5방울 넣어주세요.
④ ③에 젤라틴 녹인 물을 붓고, 잘 섞어주세요.
⑤ ④에 아이가 좋아하는 피규어를 넣어주고, 서늘한 곳에서 약 40분~1시간 정도 보관해서 굳혀주세요.
⑥ 젤라틴이 다 굳었으면, 종이컵을 조심스레 뜯어내어 트레이에 넣어주세요.

단아맘's Tip
- 젤라틴 가루는 꼭 찬물에 넣어 불려주세요. 만일 불릴 시간이 없다면, 젤라틴 가루에 찬물을 붓고 전자레인지에 1분 정도 살짝 돌려서 녹여주세요.

젤라틴을 구매하실 때 판 젤라틴과 가루 젤라틴 중 무얼 살지 고민되실 텐데요, 판 젤라틴은 고체 형태로 1장당 가루 젤라틴 약 2g 정도의 분량입니다. 사용 시 찬물이나 얼음물에 담가서 불린 후 젤라틴이 부드러워지면 물기를 짜서 사용하시면 돼요. 가루 젤라틴은 젤라틴 중량의 5배의 물을 계량해서 사용합니다. 즉, 젤라틴과 물을 1:5의 비율로 섞어 사용하면 됩니다(예: 가루 젤라틴 10g+물 50g).

35
색색의 물속에 빠진 장난감들을 건져내자!
체망 건지기 놀이

발달 영역
소근육 발달
인지 발달
감성 발달

추천 연령 돌 전후
~36개월 이상
준비 시간 3분
놀이 난이도 ★★★☆

놀이를 하다 보면 주변에 물이 튀거나 엎질러질 수 있으니 놀이 매트 위에서 하거나 신문지, 수건 등을 바닥에 깔아주세요.

3분이면 완성되는 초간단 색채 놀이를 알려드릴게요. 우묵한 트레이에 물을 넣고 식용색소를 푼 다음, 같은 색깔의 장난감을 넣고 아이 손에 체망만 쥐어주면 끝! 저는 여러 색깔 중 노란색을 선택해보았는데요, 노랑은 명랑하고 활기찬 마음을 갖게 해주는 행복의 컬러랍니다.

준비물
우묵한 트레이, 물, 식용색소, 식용색소와 동일한 색상의 장난감, 체망

① 트레이에 물을 담고, 식용색소를 두세 방울 떨어뜨려주세요.
② ①에 식용색소와 동일한 색상의 장난감을 여러 개 넣어주세요.
③ 아이에게 물속 장난감을 체망으로 건지는 법을 알려주세요.

단아맘's Tip
- 노란색으로 색채 놀이를 진행했다면 다음번에는 다른 색으로 진행하며 색상 인지 놀이를 해보세요.

아이들은 생후 5~7개월만 되어도 색깔 차이를 구분한다고 해요. 이미 생후 2개월이면 빨간색과 초록색을 구분하고, 그 후에 파란색과 노란색도 구분하지요. 단, 색의 채도가 높고 화려해야 색 구분이 가능합니다. 다양한 색상을 인지하는 것은 창의적인 글쓰기에도 도움이 된다는 사실, 알고 계셨나요? 상상력을 발휘하며 이야기를 만들 때, 색에 대해 설명하고 묘사하는 것도 중요하기 때문이에요. 그러니 아이가 어릴 때부터 다양한 방법으로 색상 놀이를 많이 해보시길 권합니다.

36
색상 고리를 차곡차곡 쌓고 빼내며 놀아요
링 쌓기 놀이

발달 영역
소근육 발달
인지 발달

추천 연령 돌 전후
~36개월 이상
준비 시간 15분
놀이 난이도 ★★★☆

아이가 넘어져서 키친타월 심지 윗부분에 얼굴이나 몸을 부딪히지 않도록 유의해주세요.

보통 생후 8~9개월 무렵이 되면 미세한 손가락 조작 능력이 더욱 발달하기 시작합니다. 이때 다양한 색상과 크기의 링을 자유롭게 빼고 거는 링 쌓기 놀이를 하면 눈과 손의 협응력과 소근육 발달에 도움이 됩니다. 또한 링을 쌓아올리고 빼면서 순서 개념을 이해하게 되고 문제해결력도 키워집니다.

준비물
상자(너무 크지 않은 것), 키친타월 심지, 원형 컬러 접시, 마스킹 테이프, 칼

① 다 사용한 키친타월 심지를 상자 중앙에 세우고 윤곽선을 그려주세요.
② ①의 윤곽선을 따라 칼로 잘라 구멍을 내주세요.
③ ②의 구멍에 키친타월 심지를 끼워주세요.
④ 원형 컬러 접시는 키친타월 심지보다 더 크게 구멍을 뚫어 링으로 만들어주세요.
⑤ ④의 링을 키친타월 심지에 차곡차곡 쌓으며 놀아요.

단아맘's Tip
- 상자와 키친타월 심지를 색상지나 색종이 등으로 꾸며줘도 좋아요. 저는 다양한 색상의 마스킹 테이프를 감아 꾸며줬어요.

단아가 링 쌓기 놀이를 하는 모습을 관찰해보니, 링을 빼는 것은 능숙히 해냈지만 링을 하나씩 쌓는 것은 조금 어려워하더라고요. 하지만 옆에서 시범을 보여주며 스스로 링 쌓기를 할 수 있도록 기다려주었지요. 그렇게 며칠이 지나자 단아가 어느 순간 링 쌓기를 수월하게 해내는 모습을 보여주었습니다. 어떤 놀이를 하든 아이가 계속해서 실패하더라도 좌절하지 않고 연습과 시도를 할 수 있도록 옆에서 많은 격려와 칭찬을 해주세요. 아이마다 성장 속도에 차이가 있으니 조급해하지 마시고 천천히 기다려주시고 지켜봐주세요. 부모의 기다림은 아이에게 가장 큰 선물입니다.

37
대롱대롱 매달린 종이컵을 공으로 맞춰요
종이컵 맞추기 놀이

발달 영역
소근육 발달
대근육 발달
인지 발달

추천 연령 돌 전후
~36개월 이상
준비 시간 5분
놀이 난이도 ★★★☆

아이가 잡고 던지기에 적당한 크기와 무게의 공으로 준비해주세요. 공 던지기 놀이를 할 땐 주변에 깨질 위험이 있는 물건은 모두 정리해주세요.

놀이 준비 시간은 단 5분! 목표물을 향해 공을 던지며 힘 조절 능력과 집중력, 균형 감각과 대근육 발달까지 두루 가능한 놀이를 알려드릴게요. 목표물을 향해 공을 던지고 난 뒤 종이컵이 흔들리는 과정을 경험하면서 아이는 '행동'이 있으면 그에 따른 '결과'가 이어진다는 사실을 인지하고, 사물이나 사람들과 상호작용하는 과정도 배우게 됩니다.

준비물
상자, 종이컵 여러 개, 실, 가위, 볼풀공, 스카치테이프

① 종이컵에 적당한 길이로 자른 실을 스카치테이프로 붙여주세요.
② 상자에 실을 매단 종이컵을 일렬로 붙여주세요.
③ 아이에게 볼풀공을 주고 종이컵을 맞출 수 있게 해주세요.

단아맘's Tip
- 상자에 종이컵을 매달 때, 서로 다른 길이로 매달아주면 목표물 맞추기가 더 수월해요.
- 알록달록한 컬러 종이컵을 활용하거나 일반 종이컵에 스티커나 색종이 등으로 꾸며주면 아이의 흥미를 더욱 끌 수 있어요.

육아를 하다 보면 아이가 무언가 제 뜻대로 되지 않거나 화가 날 때 물건을 던지는 행동을 하는 걸 보게 되는데요, 이럴 땐 아이가 느낀 불편한 감정에 공감해주고, 물건을 집어던지는 것이 잘못된 행동임을 인지할 수 있도록 엄하고 낮은 톤으로 말해주세요. 그리고 자신의 감정을 말이나 다른 수단으로 표현할 수 있도록 알려주세요. 공으로 종이컵 맞추기 놀이는 이 같은 훈육 이후에 시도하면 좋은 놀이예요. 목표물을 맞추기 위해 공을 던지다 보면 스트레스가 풀리고 긍정적인 정서 함양에도 도움이 됩니다. 공 던지기 대신, 나무 주걱 같은 긴 도구로 상자에 매달린 컵을 탕탕 치며 타악기 놀이를 할 수도 있습니다.

38
같은 모양끼리 짝을 맞춰봐요
모양 매칭 놀이

발달 영역
소근육 발달
대근육 발달
인지 발달

추천 연령 돌 전후
~36개월 이상
준비 시간 20분
놀이 난이도 ★★★☆

부드러운 펠트지라 아이가 다칠 위험은 없지만, 세모나 네모로 펠트지를 자를 때 모서리 부분은 둥글게 처리해주시는 게 좋아요.

모양의 특징을 이해하는 것은 숫자와 문자 이해의 첫 단계입니다. 모양을 인식하고 구별하면서 아이는 정렬과 분류라는 논리적 사고의 기초를 배웁니다. 모양 매칭 놀이는 각 모양의 특징을 구분하고 패턴을 일치시키는 연습을 통해 시각 정보 구분 능력을 키워줄 뿐만 아니라 언어능력, 집중력, 기억력, 문제해결력도 향상시켜줍니다.

준비물

상자, 펠트지, 원·세모·네모 모양의 물건, 원형 벨크로 테이프, 가위, 네임펜

① 상자 위에 원·세모·네모 모양의 물건을 대고 밑그림을 그려주세요.
② 펠트지에도 ①과 같은 물건을 대고 밑그림을 그린 뒤, 선을 따라 오려주세요.
③ 상자에 그려진 각 모양 중앙에 원형 벨크로 테이프를 붙여주세요.
④ ②의 모양 펠트들에도 원형 벨크로 테이프의 나머지 부분을 붙인 뒤 상자 위에 그려진 모양 그림에 맞춰 붙이며 놀아요.

단아맘's Tip

- 상자에 그린 모양과 모양 펠트지에 붙인 벨크로 테이프의 거친 면과 부드러운 면이 맞닿아 붙게 되는데, 아이 손의 힘으로 쉽게 떼어낼 수 있도록 살짝 붙여주세요.
- 펠트지로 모양을 만들 때 각각 다른 색상으로 만들었어요. 색깔별로 모양을 만들면 모양 분류 놀이뿐만 아니라 색 분류 놀이도 할 수 있어요.

모양 인지는 보통 2세부터 가르치는 게 발달상 적합합니다. 하지만 돌이 지난 직후부터 아이가 모양을 분류하고 놀 수 있도록 자연스럽게 놀이 환경을 만들어주어도 좋습니다. 먼저 동그란 바퀴, 네모난 창문 등 아이가 평소에 주로 접하는 사물을 가리키며 각 모양의 특징과 개념을 자연스럽게 받아들이도록 설명해주세요. 모양 매칭 놀이는 그다음 활동으로 이어가면 좋습니다. 아이마다 성장 속도에 약간의 차이는 있지만, 보통 18개월쯤 되면 양육자의 도움 없이도 모양을 분류해서 맞출 수 있습니다.

39
얘들아, 내가 너희를 꺼내줄게!
젤리 속 캐릭터 친구들 구하기

발달 영역
소근육 발달
인지 발달

추천 연령 돌 전후 ~36개월 이상
준비 시간 20분 + 한천 가루 굳히는 시간
놀이 난이도 ★★☆☆

한천 가루를 센 불에서 끓이면 특유의 냄새가 나기도 하는데, 냄새가 심하다면 40도 정도의 뜨거운 물에서 녹여보세요. 뜨거운 물을 다룰 땐 아이가 화상을 입지 않도록 주의해주세요.

무지갯빛 한천 젤리가 가득 담긴 트레이에 마치 보물처럼 숨겨진 캐릭터 피규어와 비타민을 찾는 즐거운 놀이입니다. 간식 포장을 벗기지 말고 통째로 넣어도 좋아요. 손에 포크를 쥐고 한천 젤리를 파내다 보면 미세한 소근육도 발달하고, 미션을 성공해내면서 문제해결력도 기를 수 있습니다. 한천은 식재료이기 때문에 놀이 후에는 음식물 쓰레기봉투에 넣어 버리거나, 물기가 완전히 마른 후 일반 쓰레기로 배출하면 됩니다.

준비물

한천 가루 약 30g, 물 4ℓ, 냄비, 식용색소, 트레이, 피규어, 캐릭터 비타민, 포크

① 준비한 분량의 한천 가루 중 먼저 3~5g을 소분해서 물 100ml에 넣고 10분간 불려주세요. 좀 더 단단한 질감을 원한다면 물 100ml당 6~7g 정도로 한천 가루를 더 넣어주세요.
② 냄비에 600ml 물을 넣고 끓여주세요.
③ 물이 끓기 시작하면 ①의 한천 가루를 넣고 잘 저어서 섞어주세요.
④ ③을 5분 정도 식힌 후, 식용색소를 넣어주세요.
⑤ 트레이 한쪽 바닥에 받침대를 덧대어 기울이고, 바닥에 닿은 쪽에 한천 가루 혼합물을 넣어주세요.
⑥ 혼합물을 넣은 상태에서 피규어나 캐릭터 비타민 등을 넣어주세요.
⑦ 트레이를 서늘한 곳 또는 냉장고에 넣고 굳혀주세요.
⑧ ①~⑦ 과정을 식용색소 색을 달리해서 반복해주세요. 단, 마지막 색소를 부을 땐 트레이 아래에 받쳐놓은 받침대를 반대쪽으로 옮겨 받쳐주고 혼합물을 넣어주세요.

단아맘's Tip

- 트레이에 한천 가루를 녹여 색소를 섞은 물을 넣고 굳힐 때, 색깔별로 일정한 간격이 되게 하고 싶다면 투명 OHP 필름을 잘라 칸막이로 세워주세요.
- 한천 젤리는 상온에 두면 자연스럽게 굳게 되는데, 서늘한 곳 또는 냉장고에 넣어두면 좀 더 빠르게 굳어요.

포크 등의 도구로 젤리를 파기 전, 아이가 무지갯빛 한천 젤리가 담긴 트레이를 손으로 먼저 탐색할 수 있도록 해주세요. 아이가 말을 한다면 어떤 느낌이 나는지 어떤 색상인지 함께 이야기 나누는 시간을 가져도 좋습니다.

40
알록달록 폼폼이를 자판기 속에 쏙 넣어요
폼폼이 자판기

발달 영역
소근육 발달
인지 발달

추천 연령 돌 전후 ~36개월 이상
준비 시간 30분
놀이 난이도 ★★☆☆

칼로 잘라낸 페트병 표면이 날카로울 수 있으니 주의해주세요. 아이가 폼폼이를 입에 넣지 않도록 옆에서 살펴봐주세요.

폼폼이는 가볍고 부드러우며 바닥에 떨어뜨려도 소리가 나지 않아 소음 걱정도 없어서 아이 놀잇감에 다양하게 활용하기 정말 좋은 재료예요. 페트병과 상자 등 재활용품들을 활용해서 폼폼이 자판기를 만들어보세요. 폼폼이를 자판기 속에 넣고, 뚜껑을 여닫으면서 소근육도 발달하고 눈과 손의 협응력도 키워지는 놀이입니다.

준비물

상자, 페트병, 폼폼이, 칼, 네임펜, 크레용, 글루건, 캐릭터 인형(선택)

① 페트병의 입구 부분을 적당한 크기로 잘라주세요.
② ①의 페트병을 상자 위에 대고 밑그림을 그려주세요.
③ 자판기 아래 부분은 네임펜으로 그린 뒤, 크레용으로 색칠해주세요.
④ 폼폼이를 빼낼 때를 고려해서 페트병 뚜껑이 닿은 상자의 절반 정도 깊이로 살짝 흠집을 내고, 글루건을 사용해 상자에 붙여주세요.
⑤ 페트병 뚜껑에 캐릭터 인형도 붙여서 귀여움을 더했어요.
⑥ 폼폼이를 페트병 입구에 넣으며 놀아요.

단아맘's Tip

- 저는 비타민 통에 붙어 있는 뽀로로 피규어를 떼어서 페트병 뚜껑에 붙여줬어요. 아이가 특별히 좋아하는 캐릭터가 있다면 이렇게 엄마표 교구에 활용해보세요. 흥미와 호기심을 자극할 뿐만 아니라 아이가 놀이에 더 적극적으로 참여한답니다.
- 페트병 뒷부분을 받쳐주는 상자 표면에 절반 정도 홈을 미리 내주세요. 폼폼이를 모두 꺼내고 싶을 때는 이 홈 부분을 벌려서 꺼내면 돼요.

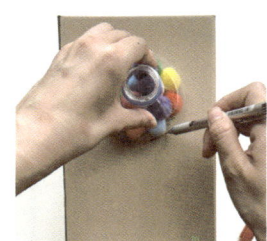   

단아는 폼폼이 자판기를 보자마자 어떻게 노는지 방법을 알려주지도 않았는데 스스로 테이블 위의 폼폼이를 집어서 페트병 입구에 넣었습니다. 폼폼이를 골인 시킬 때마다 성취감을 느꼈는지 박수를 치며 행복한 미소도 지었고요. 처음부터 놀이 방법을 알려주는 것도 필요하지만, 아이가 스스로 놀이 방법을 고민하고 알아가게 하면 문제해결력을 기르는 데 도움이 됩니다.

41
물감을 콩콩 찍으며 모양도 익혀요
휴지심 모양 도장

발달 영역
소근육 발달
인지 발달
창의력 발달

추천 연령 돌 전후
~36개월 이상
준비 시간 5분
놀이 난이도 ★★★☆

물감을 처음 사용하는 영유아라면 붓 등의 도구를 이용하는 대신, 휴지심에 물감을 묻혀 찍으면서 물감 놀이도 하고 모양도 익힐 수 있어요. 휴지심은 부드러워서 손으로 구부려 네모와 세모 모양으로 만들기도 수월합니다. 다양한 모양의 휴지심 도장으로 아이가 여러 모양의 특징과 차이를 익히고 구분할 수 있도록 알려주세요.

물감이 주변에 튀어 지저분해질 수 있으니 놀이 전 미리 바닥에 신문지를 깔아두거나 놀이 매트 위에서 하는 것을 추천해요. 아이에게 미술용 가운이나 물감이 묻어도 되는 헌 옷을 입혀도 좋아요.

준비물
휴지심 여러 개, 물감, 도화지

① 휴지심을 원형 그대로 쓰거나, 네모 또는 세모 모양으로 만들어주세요.
② 아이가 ①의 휴지심에 물감을 묻혀, 도화지에 콕콕 찍을 수 있게 해주세요.

단아맘's Tip
- 모양 도장 찍기 놀이 등을 통해 아이가 모양을 충분히 인지한 후에 연계 활동으로 모양 매칭 놀이를 하거나 모양 그림책을 보여주면 좋아요.

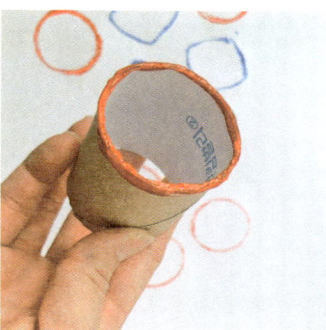

단아와 처음 휴지심 모양 도장 찍기 놀이를 할 땐, 균일한 힘을 줘서 명확하게 모양을 찍는 것이 서툴렀지만, 가벼운 재질의 휴지심이 손에 쥐기가 편하고 물감을 바르고 찍는 방식이 즐거웠는지 하면 할수록 부쩍 자신감 있고 적극적인 모습으로 참여하더라고요. 놀이를 하기 전, 아이에게 주변에서 볼 수 있는 원, 네모, 세모 모양의 실제 사물들, 가령 동그란 시계, 동그란 안경, 동그란 바퀴, 반듯반듯 네모난 책, 뾰족뾰족 세모난 케이크 등을 보여주며 특징을 이야기하는 시간을 가져보세요.

42

쭉쭉, 지그재그, 생애 첫 선 굿기 놀이
처음 선 굿기

> **발달 영역**
> 소근육 발달
> 인지 발달

추천 연령 돌 전후
~36개월 이상
준비 시간 15분
놀이 난이도 ★★★☆

아이 손이나 옷 등에 펜이 묻을 수 있으니 미술 가운이나 헌 옷을 입혀주시면 좋아요. 아이가 펜으로 벽이나 소파 등 주변에 낙서하지 않도록 주의시켜주세요.

돌 전후 아이들은 사물을 만지거나 입에 넣거나 던지는 등 손으로 세상을 탐색합니다. 그 후 손에 힘을 줘서 무언가를 쥘 수 있게 되면 낙서를 시작하지요. 24개월 무렵에는 필기구나 채색 도구를 쥐고 그림을 그리는 것에 꽤 능숙해지고 선도 그리게 되지요. 펜을 쥐고 선을 긋다 보면 눈이 자연스레 선을 긋는 손을 따라가면서 눈과 손의 협응력과 집중력이 길러집니다. 엄마표 선 굿기 교구로 우리 아이의 생애 첫 선 굿기 연습을 도와주세요.

준비물
상자, 마카용 보드펜 또는 사인펜, 자, 칼이나 가위, 보드나 종이, 접착제

① 상자를 적당한 크기로 잘라주세요(가로세로 20×8cm).
② ①의 상자 위에 펜으로 직선, 곡선 등 다양한 선 긋기 틀을 그려주세요.
③ ②의 밑그림을 따라 칼이나 가위로 자르거나, 홈을 파주세요.
④ ③의 선 긋기 판들을 보드나 종이에 접착제로 붙여주세요.

단아맘's Tip
- 아이에게 선 긋기를 알려주는 가장 좋은 방법은 부모가 직접 선을 그려보고, 그 모습을 따라하게 하는 것입니다. 아이는 부모의 행동을 가장 빨리 모방하기 때문이지요.

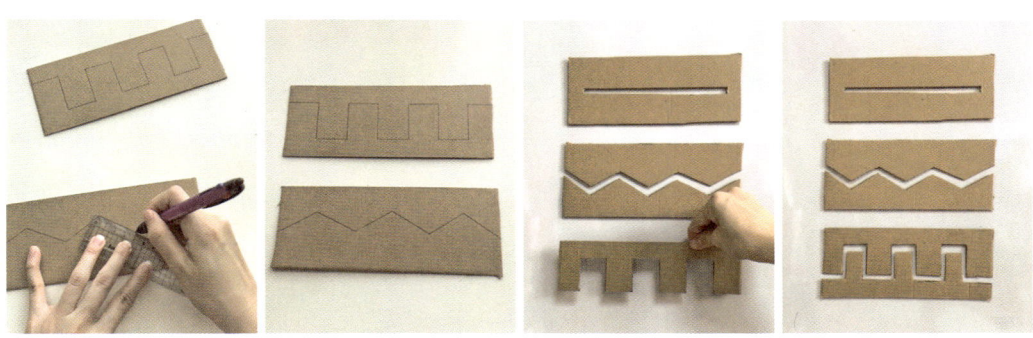

3차 영유아 발달(18~24개월) 선별 검사지에는 아이가 (색)연필의 어느 부분을 잡는지, 선을 이리저리 그으며 낙서할 수 있는지를 묻는 문항이, 4차 영유아 발달 선별 검사지에는 선 연결하기를 할 수 있는지를 묻는 문항이 있습니다. 아이마다 발달 과정상의 차이는 있겠지만, 이 시기에 필기구를 쥐고 선을 그을 줄 아는 것은 중요한 발달 과업인 만큼 자주 선 긋기 연습을 할 기회를 주는 것이 중요합니다. 선 긋기는 앞으로 아이가 글자를 바르게 쓰기 위한 첫 단계라는 사실을 기억해주세요.

43
촉감 놀이와 숫자 공부를 동시에
염색 쌀 숫자 놀이

발달 영역
소근육 발달
인지 발달

추천 연령 돌 전후
~36개월 이상
준비 시간 30분
놀이 난이도 ★★★☆

아이가 손가락이나 도구로 센서리 백 위에 낙서를 하다 보면 구멍이 나서 쌀이 샐 수도 있으니 보호자는 옆에서 잘 관찰해주세요.

다양한 색으로 염색한 쌀을 지퍼백에 넣어 만든 센서리 백은 그 자체로 촉감 놀이를 하기에 좋은 장난감일 뿐만 아니라 그 위에 나뭇가지나 숟가락 등의 도구로 숫자를 쓰면서 수를 익힐 수도 있지요. 숫자 대신 한글 자모를 쓰거나 모양을 그리는 연습을 해도 좋아요.

준비물

쌀, 식용색소, 비닐봉지, 지퍼백, 너비가 넓은 마스킹 테이프

① 비닐봉지에 쌀을 1/3 정도 넣어주세요.
② 원하는 색상의 식용색소를 3~5방울 넣어주고 잘 섞어주세요.
③ ①~②의 과정을 반복해 다양한 색깔의 쌀을 만들어주세요.
④ 지퍼백에 염색 쌀들을 골고루 섞어 넣어주고 공기가 들어가지 않게 단단히 밀봉해주세요.
⑤ ④의 지퍼백을 바닥이나 테이블에 위에 놓고 너비가 넓은 마스킹 테이프로 붙여주세요.
⑥ 손가락이나 길쭉한 도구로 ⑤의 지퍼백 위에 숫자를 쓰며 놀이를 해보세요.

단아맘's Tip

- 식용색소로 쌀을 염색할 땐 물을 아주 살짝 넣고 섞어주면 염색이 골고루 잘 돼요. 또한 서늘한 곳에서 서너 시간 말린 후 사용하면 손에 색소가 거의 묻어나지 않아요. 저는 보통 놀이하기 전날 저녁 미리 쌀을 염색한 후 서늘한 곳에 염색 쌀을 말려둔 후 다음 날 놀이에 활용해요.

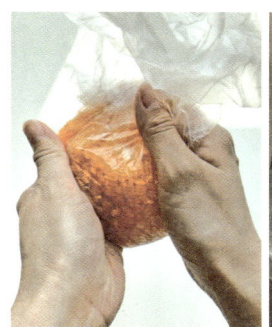   

아이들은 연필을 바르게 쥐고 쓰기를 배우기에 앞서, 색연필이나 크레파스 등을 손에 쥐고 끼적이는 낙서를 통해 쓰기 기술을 연습합니다. 이러한 활동을 하는 동안 손으로 힘을 조절하는 법을 배워나가며 소근육을 미세하게 발달시켜가지요. 염색 쌀 센서리 백 옆에 쓰고자 하는 숫자나 글자 모형을 두면 아이가 보고 따라 쓰기에 좋습니다.

44
생쥐야, 우리 같이 달콤한 귤 먹자!
생쥐 귤 먹이기

발달 영역
소근육 발달
인지 발달

추천 연령 돌 전후
~36개월 이상
준비 시간 10분
놀이 난이도 ★★★☆

미세 먼지가 잔뜩이라 외출하기 어려운 날, 집 안에서 아이와 새콤달콤한 귤을 먹으며 재밌는 놀이도 함께 해보면 어떨까요? 생쥐 귤 먹이기 놀잇감은 안 쓰는 상자만 있으면 10분 만에 뚝딱 만들 수 있어서 간편하기도 하지요.

귤이 위에서 아래로 떨어지면 뭉개질 수 있으니 밑에 바구니를 받쳐주세요. 놀이를 하는 주변에 깨질 위험이 있는 사물은 모두 정리해주세요.

준비물
귤, 상자, 연필, 네임펜, 칼, 바구니

① 상자 안쪽에 연필로 생쥐 밑그림을 그려주세요.
② ①의 밑그림을 따라 네임펜으로 선을 더 굵게 덧그려주세요.
③ 생쥐의 입 부분을 칼로 동그랗게 오려주세요.
④ 귤을 하나씩 ③의 상자에 넣고 입 쪽으로 굴리며 놀아요.

단아맘's Tip
- 단아가 쥐띠 해에 태어난 아이여서 생쥐를 그렸어요. 꼭 생쥐가 아니더라도 아이가 좋아하는 동물이라면 무엇을 그려도 좋아요. 그림 그리기가 어렵다면 동그랗게 구멍만 내어도 괜찮아요.
- 구멍을 그릴 때는 종이컵 같은 동그란 사물을 대고 그리면 편해요. 귤 대신 볼풀공 넣기를 해도 좋아요.

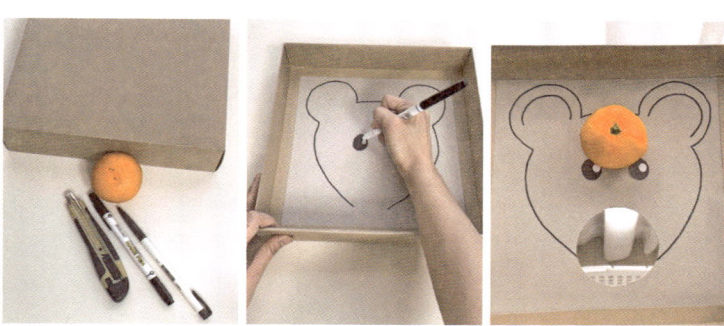

단아에게 생쥐가 그려진 상자를 들려주니 귤을 입속으로 골인 시키려고 미간에 힘까지 주며 집중하더라고요. 귤을 상자 안 구멍의 정확한 위치로 보내야만 바구니 속으로 들어가는 놀이인 만큼 자연스레 눈과 손의 협응력이 길러집니다. 또한 상자를 움직이기 위해 몸을 움직이다 보면 더욱 정확하고 민첩하게 근육을 사용하는 능력도 발달하지요. 혼자서 해도 재밌지만 형제자매나 부모님과 게임처럼 즐겨도 좋습니다.

45
무지개 구멍에 보드라운 면봉을 쏙쏙
무지개 면봉 꽂기

발달 영역
소근육 발달
인지 발달

추천 연령 돌 전후
~36개월 이상
준비 시간 15분
놀이 난이도 ★★★☆

면봉에 아이 눈이나 귀가 찔릴 수도 있으니 보호자는 옆에서 잘 관찰해주세요.

철학자 칸트는 손을 '눈에 보이는 뇌의 일부'라고 말했습니다. 손을 많이 사용하는 활동은 뇌 발달에 큰 도움을 주지요. 면봉은 값도 저렴하고 집에 늘 구비해두는 물건인데, 크기도 아이 손으로 쥐기에 딱 좋아서 꽂기 놀이 교구를 만들기에 안성맞춤입니다.

준비물

면봉, 상자, 사인펜, 송곳

① 상자에 사인펜으로 무지개를 그리고 색칠해주세요.
② ①의 상자에 송곳으로 구멍을 뚫어주세요.
③ 구멍마다 면봉을 꽂아주세요.

단아맘's Tip

- 상자 대신 스티로폼을 이용해도 좋아요. 스티로폼에 면봉을 꽂을 땐 따로 구멍을 뚫지 않고 면봉을 반으로 잘라 힘을 줘서 꽂으면 돼요. 단, 면봉을 반으로 자른 부분이 날카로우니, 그 부분을 다듬어서 사용해주세요.

생후 7~8개월 무렵이면 아이는 조금씩 집게손가락을 사용할 줄 알게 되고, 손놀림도 전보다 유연해집니다. 10개월 이후부터는 손의 사용이 더 섬세해져서 콩처럼 작은 사물도 집을 수 있게 되지요. 돌 전후에 이르면 손가락으로 원하는 걸 가리킬 수도 있습니다. 무지개 면봉 꽂기 놀이는 소근육 발달뿐만 아니라 눈과 손의 협응력도 함께 키울 수 있는 놀이예요. 아이가 색 구별이 가능한 시기라면 면봉 솜에도 색을 칠해서 상자에 그려진 무지개 색과 매칭하여 꽂는 놀이로 확장할 수도 있습니다.

46
토끼야, 내가 주는 사탕 먹지 않을래?
냠냠 토끼 먹이 주기

발달 영역
소근육 발달
인지 발달
정서 발달

추천 연령 돌 전후
~36개월 이상
준비 시간 20분
놀이 난이도 ★★★☆

토끼 먹이로 주는 작은 방울이나 폼폼이 등이 아이의 입으로 들어가지 않도록 옆에서 잘 지켜봐주세요.

동물에게 먹이를 주고 교감하는 활동은 아이의 정서 발달에 도움이 된다고 하지요. 상자를 활용해 토끼 모양을 만들어 입속에 먹이를 넣어주는 놀이를 해보세요. 먹이를 입에 넣어주면서 소근육과 눈과 손의 협응력이 키워짐과 동시에 입속에 넣어준 먹이가 배로 이동하는 모습을 보면서 원인과 결과에 대한 이해력도 높일 수 있습니다.

준비물

상자 2개, 칼이나 가위, 크레파스나 색연필, 지퍼백, 스카치테이프

① 상자에 토끼 모양으로 밑그림을 그려주세요.
② ①의 밑그림을 칼이나 가위로 오려주세요.
③ ②에서 토끼의 입과 배 부분을 동그랗게 오린 뒤, 크레파스나 색연필로 꾸며주세요.
④ 오려낸 토끼의 배 뒷부분에 지퍼백을 스카치테이프로 붙여주세요.
⑤ 완성된 토끼를 또 다른 상자에 한 번 더 붙여주세요.
⑥ 토끼 입에 방울이나 폼폼이 등을 넣으면 지퍼백이 붙은 배 주머니로 들어가는 것을 눈으로 확인할 수 있어요.

단아맘's Tip

- 저는 토끼 먹이로 소리가 나는 색깔 방울을 준비했어요. 알록달록한 색감에 딸랑이는 소리까지 더해 아이의 시각과 청각에 자극을 주었지요. 털실이나 색종이 등으로 당근 모양을 만들거나 아이가 좋아하는 장난감이나 간식을 활용하셔도 좋아요.

 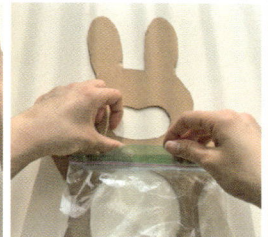  

생후 8개월 이후가 되면 소근육이 더욱 발달하면서 아이들은 손가락을 사용해 물체를 잡을 수 있을 뿐만 아니라 원하는 위치에 물건을 놓을 수도 있습니다. 이 무렵 아이들은 넣었다 빼었다가 하는 동작을 즐겨 하며 반복하는데요, 이런 놀이를 하면서 아이는 사물의 특성을 이해하고 논리적 사고를 키워나갑니다. 아이가 놀이를 할 때 옆에서 토끼가 어떤 동물인지 설명해주고, 아이가 토끼 입안에 먹잇감을 정확히 넣을 때마다 환호해주고 박수를 쳐주며 함께 교감하는 시간을 가져보세요.

#
구멍 속에 빨대를 꽂았다 빼냈다
빨대 꽂기 보드

발달 영역
소근육 발달
인지 발달

추천 연령 돌 전후
~36개월 이상
준비 시간 15분
놀이 난이도 ★★★☆

송곳이나 칼은 아이의 손이 닿지 않도록 유의해서 사용하고, 빨대가 아이의 눈이나 얼굴 등을 찌르지 않도록 옆에서 잘 관찰해주세요.

빨대 꽂기 보드는 빨대를 구멍 안으로 쏙 넣었다가 다시 쑥 빼내며 미세한 근육의 조정 능력을 길러줌과 동시에 문제해결력을 함양하는 인지 발달 놀이입니다. 저는 상자 위에 1~5까지 일렬로 숫자를 써서 수에 맞게 빨대를 꽂아줬어요. 그러면 수 개념까지 배울 수 있는 엄마표 교구가 완성됩니다.

준비물
상자, 빨대, 송곳이나 칼

① 송곳을 이용해 상자에 구멍을 뚫어주세요.
② 구멍에 맞춰 빨대를 꽂아주세요.

단아맘's Tip
- 다양한 색상의 빨대를 사용해주면 시각적으로도 흥미를 높일 수 있어요.
- 휴지심을 반으로 자르고 펀치로 구멍을 뚫은 다음, 구멍과 구멍 사이에 빨대를 끼우는 놀이도 가능해요.

단아에게 빨대 꽂기 보드를 주니 처음에는 기다란 빨대 위쪽을 잡아서 구멍에 넣는 걸 어려워했어요. 하지만 빨대 아래 부분을 잡고 넣을 수 있도록 안내해주고 나니 몇 번의 시도 끝에 스스로 빨대를 잘 꽂았습니다. 빨대를 구멍에 맞춰 꽂으려면 빨대 끝에 힘을 주고 빨대를 살짝 구부려야 잘 넣어지는데요, 아이가 여러 번의 시도 끝에 스스로 방법을 터득해 문제를 해결하는 걸 보니 엄마로서 너무 뿌듯했답니다.

휴식,
'엄마'가 아닌 '나' 자신이 되는 시간

몸이 아프다는 것을 감지하는 순간
내 몸이 아픈 게 걱정되기보다
내가 아프면 아이를 돌보지 못할까 봐
그게 더 걱정됐던 경험, 다들 있으실 거예요.

지끈거리는 이마에 손을 얹고는
'우리 아가가 아프지 않아 다행이다' 하며
차라리 내가 아픈 게 낫다고
안도의 한숨을 내쉬게 되는 것.
그게 우리 엄마들의 마음이지요.

마음대로 아플 수도 없고,
아플 여유조차 허락이 되지 않는
엄마라는 자리.

하지만 '나'를 건강히 지켜내지 못하면

우리 아이도 지킬 수 없습니다.

엄마의 몸과 마음이 편안해야
아이에게도 건강한 기운과 사랑이
오롯이 전해질 수 있습니다.

내 몸과 마음이 온전히 숨을 쉴 수 있는
자기만의 시간이 엄마들에게 꼭 필요한 이유입니다.

사랑하는 아이와 가족을 위해서라도
바쁜 육아의 일상 속에서
나를 위한 잠깐의 휴식을 잊지 마세요.

얼마 전, 아이 하원 시간을 10분 앞두고
베스트 프렌드이자 소울 메이트인 친언니로부터
잠깐이라도 얼굴 좀 보자는 연락을 받았습니다.
마침 저희 집 근처에서 외근이 있었다나요.

아이를 곧 데리러 가야 하는 상황이었지만,
언니의 얼굴을 보기 위해 부리나케 달려 나갔습니다.

유년시절부터 결혼 전까지 늘 붙어 다니던 사이였는데,
결혼을 하고 아이를 낳고 키우다 보니
언니와 단둘이 만나는 게 참 쉽지 않더라고요.

10분.
눈 한 번 깜빡 하면 후딱 지나가버리는 찰나의 시간.
몇 마디 안부를 묻고 나면 끝나버리는 짧은 시간.

하지만 그 짧은 10분이 그날 저에겐
무더위의 갈증을 말끔히 씻어주는
시원한 샘물 같은 시간이었습니다.

이렇게 짧은 휴식만으로도 재충전이 되는데,
하루 동안 자유 시간이 주어진다면 얼마나 행복할까요?
여러분은 그 시간에 무엇을 하실 건가요?

만약 제게 자유의 하루가 주어진다면
알람 없이 늦잠을 자다 일어나서 천천히 아침을 시작하고,
근처 교외로 나가 특별한 목적지나 계획 없이 산책도 하고,
한적한 카페에 들러 맛있는 디저트랑 커피도 마시고,
좋아하는 음악을 들으면서 해가 지는 석양을 찬찬히 감상하며
여유 있는 하루를 보내보고 싶습니다.

육아는 끝이 보이지 않는 긴 노동의 연속입니다.
그러니 왜 이것밖에 하지 못하느냐고 자신을 몰아붙이기보다는
너는 지금 세상에서 가장 위대한 일을
해내고 있는 중이라고 스스로를 토닥여주세요.

아기가 태어났던 순간을 기억하시나요?
그때를 떠올리며 지금 내 곁의 아이를 바라보세요.
키도, 마음도, 생각도 쑥쑥 자란 것이 느껴지시나요?

하루가 다르게 성장하는 아이를 보고 있노라면,
그 놀라운 성장에 경탄하는 동시에
나는 그 사이 얼마나 성장했는지 되돌아보게 됩니다.

아가를 출산하고 지금까지
정말 쉼 없이 달려온 나날들이었습니다.
밤새 잠도 못 자고, 먹이고, 재우고, 놀아주는 날들…
엄마의 삶은 늘 쉼 없이 돌아갑니다.

하지만 엄마의 삶을 사는 동안
'나'의 삶이 정체되었다는 생각은 하지 않으려 합니다.

한 생명이 탄생하여 나날이 무르익어가는 기적적인 순간을
곁에서 부대끼며 경험했던 하루하루는
저에게 그 어떤 일상보다 감사하고 행복한 순간들이었으니까요.
그 순간들은 저에게 그동안은 알지 못했던
깊은 사랑과 인내, 헌신의 가치를 깨닫게 해주었습니다.
아이가 자라는 동안, 엄마도 함께 자란다는 사실을 잊지 마세요.

그러나 분명 엄마가 아닌
'나'의 이름으로 이루고픈 꿈도 있을 테지요.
그 꿈들을 잊지 말고, 자주 꺼내 들여다보면서

오늘도 작은 한 걸음을 내딛어봅니다.
자랑스러운 엄마가 되기 위해
그리고 사랑하는 나 자신을 위해
감사하며 열심히 나아가보려고 합니다.

여러분들은 올해 어떤 계획을 갖고 계신가요?
어떤 꿈을 꾸고 계시나요?

PART 3

마음을 쑥쑥 키워줘요,
정서 함양 놀이

48
창문을 열면 우리 가족 얼굴이 나타나요
까꿍 접시

> 발달 영역
> 언어 발달
> 소근육 발달
> 정서 발달

추천 연령 6개월 이후
준비 시간 10분
놀이 난이도 ★☆☆☆

칼로 작은 창문을 만들 때 모서리가 너무 날카롭지 않도록 각 모서리를 살짝 둥글게 오려주세요.

아이들은 까꿍 놀이를 정말 좋아하는데요, 까꿍 접시는 까꿍 놀이와 얼굴 인지 활동을 접목한 정서 함양 놀이예요. 핵가족 시대이다 보니 부모님 외에 다른 가족의 얼굴을 직접 볼 기회가 적은 요즘 아이들. 까꿍 접시 놀이를 하면서 할머니 할아버지를 비롯해 가족들의 얼굴도 익히고 가족을 부르는 명칭도 배워보는 건 어떨까요?

준비물
일회용 접시, 칼, 가족이나 아이 사진, 풀

① 일회용 접시에 칼로 작은 창문 모양을 만들어주세요.
② 오려낸 뒷부분에 준비한 사진들을 하나씩 붙여주세요.
③ 사진 덮개에 해당하는 창문을 닫아주세요.
④ 접시 테두리에 '우리 가족' 등 제목을 써주고 예쁘게 꾸며주세요.

단아맘's Tip
- 저는 단아의 엄마, 아빠, 할머니, 할아버지의 사진을 프린트해서 붙였어요. 아이가 가족의 얼굴을 보며 친근함을 느끼고 가족의 얼굴을 인식하는 데 도움이 돼요.

얼굴 인식 능력은 아이가 가진 놀라운 능력 중 하나입니다. 생후 일주일 이내에 아이는 엄마의 얼굴을 인식할 뿐 아니라 행복한 표정과 슬픈 표정의 차이도 금방 배운다고 합니다. 하버드대 연구진들의 연구에 따르면, 이런 얼굴 인식 능력은 선천적인 것이 아니라 경험으로 형성된다고 해요. 즉, 아이가 아주 어릴 때부터 가까운 사람들과 얼굴을 맞대고 마주보는 경험을 자주 해야 합니다. 6개월 무렵부터는 가족사진을 자주 보여주고, 신문이나 잡지 등에 나오는 다양한 문화권의 사람 이미지를 오려서 보여줘도 좋습니다.

49

맛있는 물감을 만들어 색칠 놀이를 해보자
요거트 페인팅

발달 영역
시각·후각·촉각 자극
소근육 발달
정서 발달

추천 연령 돌 전후
준비 시간 5분
놀이 난이도 ★☆☆☆

어린 영아는 놀이를 하기 전 요거트를 미리 두세 번 이상 먹여보고 이상 반응이 없는지 테스트해보세요.

요거트 페인팅은 먹어도 안심인 두 재료, 요거트와 식용색소를 이용한 놀이라서 뭐든지 입에 넣는 구강기 아이들도 걱정 없이 할 수 있는 놀이예요. 시각, 후각, 미각, 촉각 등 여러 감각을 두루 자극하는 요거트 페인팅으로 즐거운 엄마표 핑거 페인팅 미술 놀이를 해보세요.

준비물

요거트, 식용색소, 팔레트나 그릇, 붓, 신문지 또는 전지

① 바닥이 지저분해질 수 있으니, 놀이 시작 전 바닥에 신문지나 전지를 깔아주세요.
② 팔레트나 그릇에 요거트를 담아주세요.
③ ②에 여러 식용색소를 두세 방울 넣고 잘 섞어주세요.
④ 색소를 섞은 요거트와 붓을 아이가 볼 수 있는 곳에 준비해주세요.

단아맘's Tip

- 아이가 붓 사용이 서툴다면, 손으로 요거트를 만져보고, 전지 위에 그림을 그려보며 자유롭게 표현하도록 도와주세요.

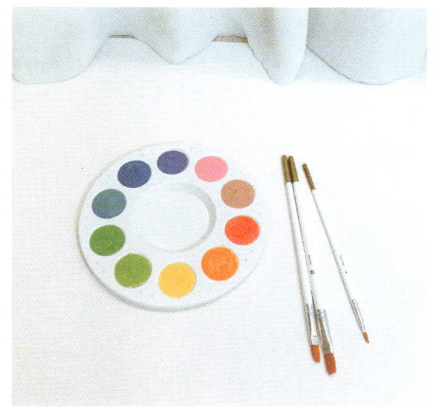

저는 단아를 커다란 전지 위에 앉혀놓고 요거트 페인팅을 하게 해줬어요. 붓도 건네줬지만 아이는 손으로 요거트의 촉감을 느끼는 걸 더 좋아했습니다. 요거트 페인팅을 하고 나면 온몸에 요거트가 묻기 때문에 목욕 전에 하는 놀이로 추천해요. 몸에 묻더라도 요거트에 식용색소를 넣었기에 물로 바로 지워지지만, 목욕할 때 미끌대는 부분이 있으니 잘 닦아주시는 게 좋습니다. 요거트 페인팅 놀이로 아이에게 자신의 감정과 느낌을 자유롭게 표현하며 스트레스도 해소하고 창의력도 키울 수 있는 즐거운 시간을 선물해보세요.

50
색도 곱고 향도 좋은 과일 목욕으로 힐링 타임
과일 스파

발달 영역
시각·후각·촉각 자극
소근육 발달
정서 발달

추천 연령 돌 전후
준비 시간 5분
놀이 난이도 ★☆☆☆

아이가 욕조 안에서 미끄러지지 않게 살펴봐주세요. 혼자 앉아 있거나 무언가를 짚고 설 수 있는 6개월 이후부터 하는 걸 추천해요.

독일의 한 연구팀에 따르면 수영을 자주하는 아이는 운동 능력과 사회성, 인지능력 등이 더 뛰어났다고 합니다. 하지만 매번 욕조에 물을 받아 수영을 하기에는 현실적으로 어려운 부분이 많지요. 그럴 때 아이를 위한 물놀이로 반신욕을 추천해요. 과일 스파는 아이가 따뜻한 물에서 반신욕도 즐기고 향긋한 과일의 향과 맛을 느끼는 것은 물론이고, 예쁜 색깔을 보는 동안 시각 발달도 되는 즐거운 힐링 물놀이입니다.

준비물
작은 대야 또는 욕조, 다양한 과일, 과도

① 준비한 과일을 잘 씻은 뒤, 과도로 잘라주세요.
② 대야나 욕조에 따뜻한 물을 받고, 그 안에 ①의 과일을 넣어주세요.
③ 먼저 아이가 과일을 탐색하게 해주세요. 그다음 물과 과일에 친숙해지고 나면 대야나 욕조 안에 들어가게 해주세요.

단아맘's Tip
- 놀이 전후에 과일 그림책을 보여주면서 과일의 이름과 특징을 이야기해주면, 실제 사물과 연결할 수 있어 개념 인지에 효과 만점이에요.
- 과일 스파에 들어가는 재료는 향과 과즙이 상큼한 라임, 오렌지, 자몽 등 감귤류 과일이 좋아요. 그 외에 원하는 과일 재료를 추가해도 돼요. 단, 아이 피부에 닿았을 때 이상 반응이 일어나는 과일은 피해주세요.

저는 작은 대야에 따뜻한 물을 받아 달콤한 향이 강한 오렌지와 딸기를 넣어주었어요. 단아는 주황색, 빨강색 과일들을 손으로 잡기도 하고 맛도 보면서 향긋한 과일 향에 흠뻑 취한 듯 편한 모습으로 과일 스파를 즐겼답니다. 그런 표정에 엄마나 아빠가 긍정적으로 반응해주면 강력한 유대감 형성에도 큰 도움이 돼요.

51
아빠, 씽씽 신나게 달려주세요!
아빠 썰매

발달 영역
언어 발달
공간 감각 발달
정서 발달

추천 연령 6개월 이상
준비 시간 1분
놀이 난이도 ★☆☆☆

아이가 상자 안에 들어가 있을 때나 썰매를 끌 때 무서워할 수 있으니 거부감을 갖지 않도록 상자를 먼저 탐색하게 해주세요. 상자를 끌 때는 무리해서 빠르게 끌지 말고 아이의 컨디션을 보며 속도를 조절해주세요.

아이와 함께 놀 시간이 부족한 아빠들을 위해 퇴근 후 아이와 즐겁게 정서적 유대를 쌓을 수 있는 놀이를 알려드릴게요. 바로 빈 상자를 이용한 썰매 놀이인데요, 아이들은 아늑한 상자를 참 좋아한답니다. "앞으로", "뒤로", "왼쪽으로", "오른쪽으로"라며 방향을 설명해주면서 썰매를 끌어주다 보면 언어 발달은 물론이고, 공간 감각과 방향 감각도 기를 수 있어요.

준비물
상자, 끈(선택), 송곳(선택)

① 아이가 들어갈 만한 크기의 상자를 준비하고, 먼저 아이가 자유롭게 상자를 탐색할 시간을 주세요.
② 아이가 상자에 관심을 보이면 안쪽에 안전하게 앉혀주세요.
③ 상자 썰매를 끌어주면서 집 안 이곳저곳을 탐색해보세요.

단아맘's Tip
- 상자 앞부분에 송곳으로 구멍 두 개를 뚫고 끈을 연결하면 썰매 끌기가 좀 더 수월해요.
- 상자 안에 아이가 좋아하는 애착 인형을 함께 넣어주어도 좋아요.

'아빠 효과father effect'라고 들어보셨나요? 이 단어는 아빠가 어떻게 양육에 참여하느냐에 따라 아이의 성장 발달이 달라지는 것을 가리키는 단어인데요, 영국의 국립아동발달연구소에서 30여 년에 걸쳐 아동 및 청소년 1만 7천 명을 대상으로 조사한 데이터를 옥스퍼드대 연구진이 분석하는 과정에서 처음 등장했어요. 분석에 따르면, 사회적으로 자신의 능력을 발휘하고 행복한 가정을 꾸린 사람들은 공통적으로 아빠와 교류가 많았다고 합니다. 퇴근 후 녹초인 상태이겠지만, 단 5분이라도 아이와 놀이를 하면서 아이의 몸과 마음이 쑥쑥 클 수 있도록 도와주세요.

52
파스타도 먹고 예쁜 액세서리로 꾸밈도 하고
파스타 액세서리

발달 영역
소근육 발달
정서 발달
미적 감수성 발달

추천 연령 돌 전후
준비 시간 15분
놀이 난이도 ★★☆☆

익지 않은 파스타 면을 아이가 입에 넣지 않도록 살펴봐주세요. 파스타를 익힌 후에도 아이가 입에 넣을 수 있으니, 미리 밀가루 알레르기가 없는지 확인하는 게 안전해요.

파스타 면은 종류가 다양한데요, 그중 길이가 짧은 펜네 파스타에 식용색소를 입힌 뒤 실로 엮으면 세상에 단 하나뿐인 파스타 목걸이, 팔찌, 왕관을 만들 수 있어요. 오늘 식사 메뉴를 파스타로 정해서, 엄마 아빠가 맛있는 파스타를 만드는 동안 아이는 파스타 액세서리를 만들며 가족 간에 정서적 유대감을 쌓아보면 어떨까요?

준비물
펜네 파스타, 종이컵이나 지퍼팩(선택), 물, 식용색소, 키친타월, 실

① 펜네 파스타는 바로 사용해도 되고, 삶아서 사용해도 괜찮아요.
② 종이컵에 물을 적당량 붓고 식용색소를 서너 방울 넣고 잘 섞어주세요. 색상을 좀 더 진하게 하고 싶으면 식용색소를 더 추가하셔도 돼요.
③ ①의 펜네 파스타를 ②에 넣어 염색해주세요.
④ 종이컵에서 펜네 파스타를 꺼내 키친타월 위에 올려놓고 5~10분 정도 말려주세요. 그래야 색이 덜 묻어나와요.
⑤ 실에 색소가 다 마른 펜네 파스타를 하나하나 끼워주세요
⑥ 적당한 길이로 펜네 파스타가 꿰어졌으면 실 양쪽 끝을 매듭지어주세요.

단아맘's Tip
- 염색한 펜네 파스타를 실에 꿰는 활동을 아이가 직접 하게 도와주세요. 소근육 발달과 집중력 향상에 도움이 됩니다.

파스타 액세서리를 만들기 전에, 먼저 아이가 파스타를 탐색해볼 시간을 충분히 주세요. 그다음 아이에게 파스타를 실에 꿰어 액세서리를 만드는 시범을 보여주세요. 알록달록 색을 입힌 파스타는 액세서리 만들기뿐만 아니라 색깔별로 구분하는 색 인지 놀이에 사용하거나 도화지에 붙여 아름다운 작품을 만드는 등 다양한 방식으로 확장 놀이가 가능합니다.

53
채소 안에 장미꽃이 숨어 있어요!
청경채 도장

발달 영역
오감 자극
소근육 발달
정서 발달
창의력 발달

추천 연령 돌 전후
준비 시간 5분
놀이 난이도 ★★☆☆

청경채 밑동을 자른 단면에 빨간 물감을 칠해 찍으면 마치 장미꽃 같은 모양이 만들어져요. 식재료를 활용한 미술 놀이는 오감을 자극하고, 야채나 새로운 음식 먹기를 낯설어하는 아이에게 해당 식재료와 익숙해질 기회를 줍니다. 자유롭게 자기표현을 하는 동안 창의력과 자신감, 성취감도 부쩍 발달해 정서가 풍부하게 함양되지요.

물감이 주변에 튀어 지저분해질 수 있으니 놀이 전 미리 바닥에 신문지를 깔아두거나 놀이 매트 위에서 하는 것을 추천해요. 아이에게 미술용 가운이나 물감이 묻어도 되는 헌 옷을 입혀도 좋아요.

준비물

청경채, 칼, 물감, 물감 담을 접시나 팔레트, 붓, 도화지나 색상지

① 청경채를 물에 깨끗이 씻고, 뿌리 쪽을 칼로 잘라주세요.
② 팔레트나 접시에 물감을 적당량 짜주세요.
③ 자른 청경채 단면에 붓으로 물감을 골고루 발라주세요.
④ 도화지나 색상지에 약간의 힘을 줘서 꾹 찍어주세요.

단아맘's Tip

- 아이가 청경채를 손에 쥐고 찍기 쉽도록 청경채를 조금 길게 잘라주세요. 아이가 손으로 쥐기 어려우하면 포크로 청경채를 찍어서 물감을 묻혀 찍을 수 있게 도와주세요. 이때 포크의 날카로운 부분에 아이가 다치지 않도록 잘 살펴봐주세요.
- 청경채 도장으로 만든 꽃 주변에 나뭇잎을 그리거나 색종이로 오려 붙여서 화분이나 꽃다발을 만드는 등 응용해보세요.

셀러리를 활용한 미술 놀이   피망을 활용한 미술 놀이

청경채 말고도 셀러리나 피망 등 자른 단면이 독특하고 비교적 단단한 채소들을 잘라 물감을 묻혀 도화지에 도장처럼 찍어도 좋아요.

54
거실을 실험실로 만드는 엄마표 과학 실험
드라이아이스 거품 놀이

발달 영역
언어 발달
소근육 발달
정서 발달
창의력 발달

추천 연령 돌 전후
준비 시간 5분
놀이 난이도 ★☆☆☆

드라이아이스를 아이가 절대 만지지 않도록 옆에서 잘 살펴봐주세요. 또한 드라이아이스를 활용한 놀이 후엔 꼭 환기를 시켜주세요.

아이스크림을 포장해오거나 신선 식품을 배달시키면 늘 따라오는 드라이아이스! 차가운 드라이아이스와 물이 만나면 멋진 연기와 거품이 만들어지면서 아이의 시선을 사로잡습니다. 하지만 드라이아이스는 -78.5도에서 승화하는 물질로 얼음보다도 낮은 온도의 물질이기 때문에 피부에 직접 닿으면 동상에 걸릴 위험이 있습니다. 따라서 이 놀이는 꼭 어른의 지도하에 안전에 유의해서 진행해주세요.

준비물

드라이아이스, 주방 세제, 식용색소(선택), 투명한 컵이나 그릇, 물, 집게나 장갑, 젓가락

① 드라이아이스가 잠길 정도로 컵이나 그릇에 물을 부어주세요.
② ①에 주방 세제와 식용색소를 몇 방울 넣고 젓가락으로 잘 섞어주세요.
③ 장갑을 낀 손이나 집게로 드라이아이스를 집어 각 컵에 넣어주세요.
④ ③의 컵에 주방 세제를 한두 방울 추가로 더 넣어주세요.
⑤ 보글보글 올라오는 연기를 관찰하세요.

단아맘's Tip

- 따뜻한 물을 이용해야 드라이아이스 연기가 더욱 많이 생겨요.
- 식용색소 추가는 선택 사항이지만, 색소를 물에 풀면 아이의 흥미 유발과 시각 자극에 효과적이에요.

드라이아이스는 이산화탄소를 높은 압력과 낮은 온도에서 고체로 만든 물질이에요. 그래서 세제를 푼 물에 드라이아이스를 넣으면 바로 기체가 되어 연기가 모락모락 피어오르지요. 드라이아이스 놀이를 하며 생기는 거품은 비누 거품과는 전혀 다른데요, 톡 치면 펑 하고 사라질 때마다 아이들이 정말 좋아한답니다. 아이와 드라이아이스 거품 놀이를 할 때는 원리를 이해시키려 하기보다 놀이 자체를 즐기도록 도와주세요.

55
양치 습관도 잡고 신나는 색칠 놀이도 하고
치카치카 양치 놀이

발달 영역
소근육 발달
정서 발달
바른 생활 습관

추천 연령 돌 전후
준비 시간 5분
놀이 난이도 ★★☆☆

어릴 때부터 양치하는 습관을 익히는 것은 매우 중요합니다. 아이의 치아 건강과 직결되기 때문이지요. 양치를 처음 배울 때부터 양치를 해야 하는 이유와 바른 방법을 습득하고, 양치에 대한 긍정적인 정서를 가지면 양치 습관이 자리 잡는 데 도움이 됩니다. 엄마가 그려준 치아 모양 도안에서 수성펜으로 색칠된 부분을 칫솔로 닦는 놀이를 하다 보면 양치도 놀이처럼 즐겁게 할 수 있게 될 거예요.

준비물

도화지(A3 크기), 펜, 크레용, 코팅기 또는 손 코팅지, 수성펜, 스카치테이프, 칫솔

① 도화지에 펜으로 이가 크게 보이도록 동물 얼굴을 그려주세요.
② ①의 밑그림을 따라 크레용으로 색칠해주세요.
③ 코팅기 또는 손 코팅지를 이용해 ②를 코팅해주세요.
④ 코팅된 그림에서 이 사이사이 부분을 진한 색 수성펜으로 색칠해주세요.
⑤ ④를 벽이나 테이블 위에 스카치테이프로 붙여주세요.
⑥ 아이가 칫솔에 물을 묻혀 수성펜으로 칠한 부분을 닦도록 해주세요.

단아맘's Tip

- 아이가 좋아하는 동물로 도안을 그리면 친근하게 느껴져 아이의 놀이 참여도와 흥미도가 더 높아져요.
- 그림 그리기가 어렵다면 인터넷에서 무료 도안을 찾아 사용해도 괜찮아요.

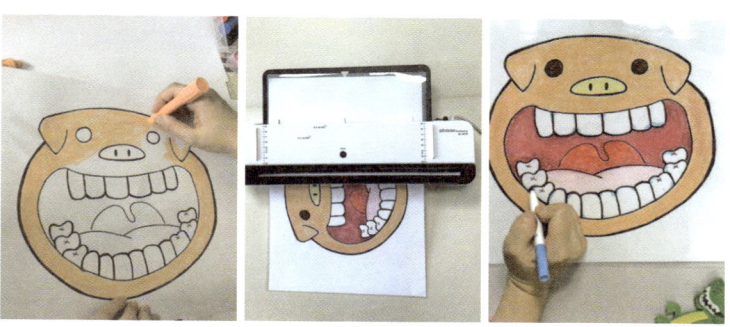

칫솔을 손에 쥐고 수성펜 자국을 지우는 활동을 하다 보면 미세한 소근육도 발달합니다. 또한 칫솔을 직접 문지르면서 올바로 이를 닦는 방법을 배우고 연습할 수도 있지요. 이 놀이를 할 때 아이에게 올바른 양치 방법과 치아 건강의 중요성을 함께 설명해주면 좋습니다. 또한 아이가 수성펜으로 색칠된 부분을 깨끗이 잘 닦아냈다면 칭찬과 격려를 충분히 해주세요.

56
향기롭고 부드러운 물속에서 힐링 타임!
플라워 밀크 스파

발달 영역
오감 자극
정서 발달
미적 감수성 발달

추천 연령 돌 전후
준비 시간 5분
놀이 난이도 ★☆☆

아이가 욕조 안에서 미끄러지지 않게 잘 살펴봐주세요. 피부가 민감하거나 우유 알레르기가 있는 아이들은 주의해주세요.

우유 목욕은 피부를 부드럽게 해줄 뿐만 아니라 긴장을 이완시키고 숙면에도 도움을 줍니다. 여기에 꽃까지 띄워주면 향기도 좋고 색감도 아름다워 아이에게 편안한 쉼을 선사하는 동시에 오감 자극도 더해주지요. 플라워 밀크 스파로 스킨 케어도 하고 아이의 행복 지수도 높여주세요.

준비물
작은 대야 또는 욕조, 따뜻한 물, 우유, 장미꽃

① 작은 대야 또는 욕조에 따뜻한 물을 받아주세요.
② ①에 우유를 넣어주세요.
③ 장미꽃 꽃잎을 떼어 흐르는 물에 씻은 후, ②에 둥둥 띄워주세요.

단아맘's Tip
- 모유 수유 중이라면 우유 대신 모유를 넣어도 좋아요. 모유에 함유된 성분은 피부 자극이나 감염, 아이 여드름이나 발진을 가라앉히는 데 도움이 돼요.
- 꽃잎을 떼어 욕조에 띄울 때, 아이에게 꽃잎을 한 장씩 떼어보게 해도 좋아요. 직접 욕조에 띄운 꽃잎을 보면 성취감도 느끼고 플라워 스파에 대한 흥미가 더 높아져요.

단아는 생후 8개월 무렵 처음으로 플라워 밀크 스파를 경험해봤어요. 처음에는 아이가 낯설어 하지 않게 작은 대야에서 스파를 즐길 수 있게 해줬습니다. 돌 무렵이 되었을 때는 욕실의 커다란 욕조에서도 스파를 해보았어요. 욕조에 물을 채우고, 우유를 붓고, 꽃을 떼어 넣는 모든 과정에 참여시키니 놀이에 더욱 적극적으로 참여하고 긴밀히 상호작용한다는 느낌을 받았답니다.

57
내 옷은 내가 스스로 벗고 정리해요
장난감 미니 세탁기

발달 영역
오감 자극
정서 발달
바른 생활 습관

추천 연령 돌 전후
준비 시간 5분
놀이 난이도 ★★☆☆

장난감 미니 세탁기 문으로 쓰이는 플라스틱 뚜껑은 테두리가 날카로울 수 있어요. 표면이 매끄럽지 않은 부분은 다시 한 번 잘 다듬어주세요.

세탁기는 윙윙 돌아가는 소리나 빨래가 돌아가는 모습 등이 아이에게 흥미를 유발하는 생활 가전 중 하나입니다. 엄마표 장난감 미니 세탁기로 아이가 자신의 양말이나 옷을 스스로 벗고 빨래 바구니나 세탁기에 넣는 연습을 하게 해보면 어떨까요? 놀이를 하는 동안 바른 생활 습관도 저절로 길러질 거예요.

준비물

상자, 가위나 칼, 투명 플라스틱 뚜껑, 페트병 뚜껑, 글루건, 마스킹 테이프, 색상지, 사인펜

① 상자 한가운데를 가위나 칼로 동그랗게 오려주세요.
② 드럼 세탁기 느낌을 내기 위해 투명 플라스틱 뚜껑으로 ①의 구멍을 덮어줬어요.
③ 페트병 뚜껑을 상자 상단에 글루건으로 붙여 세탁기 버튼을 만들어요.
④ 마스킹 테이프, 색상지, 사인펜 등으로 세탁기를 꾸며주세요.

단아맘's Tip

- 생활 습관 형성에 도움이 되도록 아이가 신는 양말을 장난감 세탁기에 직접 넣고 빼는 활동을 했어요. 이 과정을 통해 소근육도 발달시키고 스스로 문제를 해결하는 연습을 통해 자율성과 독립심을 터득할 수도 있어요.

세탁은 빠질 수 없는 집안일 중 하나입니다. 그만큼 아이도 세탁기에 익숙할 텐데요, 상자와 플라스틱 용기 등을 재활용하여 아이를 위한 장난감 미니 세탁기를 만들어준 뒤, 양말을 넣고 빼는 놀이를 통해 올바른 생활 습관은 물론이고 자율성과 책임감, 독립성 등을 기를 수 있답니다. 아이가 장난감 미니 세탁기에 양말을 넣고 빼는 일을 성공적으로 해낼 때마다 옆에서 아낌없는 격려와 칭찬을 해주시는 것도 절대 잊지 마세요.

58
내 얼굴을 보며 감정의 이름을 배워요
감정 카드

발달 영역
언어 발달
정서 발달
공감 능력 발달

추천 연령 돌 전후
준비 시간 5분
놀이 난이도 ★☆☆☆

아이가 성장할수록 다양한 표정으로 자신의 감정을 표현할 텐데요, 감정 카드는 아이가 자신과 타인의 감정을 인지하고 이해하는 것을 돕는 교구입니다. 아이가 기쁨, 슬픔, 무서움, 화남 등과 같은 자기 내면의 다양한 감정이 무엇인지 정확히 인지할 줄 알아야 감정을 잘 조절하고 다스릴 수 있게 되고, 이는 건강한 몸과 마음의 바탕이 됩니다.

준비물
아이의 다양한 표정이 담긴 사진, 컴퓨터(워드 작업용), 프린터, 코팅기나 손 코팅지(선택)

① 워드 프로그램을 이용해 준비한 아이 사진들을 적절하게 배열해주세요.
② ①의 사진들 하단에 '기쁘다', '슬프다', '화나다', '신나다' 등 표정에 맞는 문구를 넣어주세요.
③ 감정 카드를 다 편집했다면 프린터로 출력해주세요.
④ 코팅기 또는 손 코팅지로 코팅하면 오래 보관하기에 좋아요.

단아맘's Tip
- 저는 감정 카드를 만들 때 배경을 제거해줬어요. '스노우' 앱(보정→오려내기)이나 배경 제거가 가능한 사이트(www.remove.bg)를 활용하세요.

  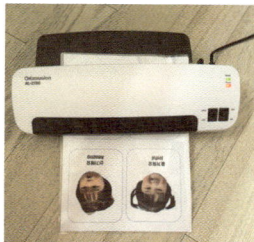 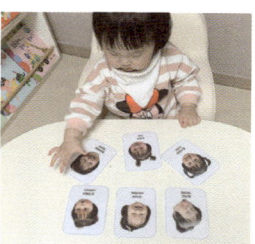

시중에 파는 감정 카드를 활용해도 좋지만, 아이의 얼굴로 만들어진 감정 카드를 가지고 감정들의 이름과 느낌에 대해 알려주면 아이는 더욱 관심을 가지고 집중합니다. 자신의 표정을 보고 배우니 그 감정을 보다 깊이 잘 이해하는 것도 같고요. 양육자 역시 우리 아이의 감정을 세심하게 관찰하고 보듬어주는 유익한 시간을 가질 수 있습니다.

59
귀여운 병아리콩 위로 동물 친구들아 모여라
병아리콩 스몰 월드

> **발달 영역**
> 오감 자극
> 소근육 발달
> 정서 발달

추천 연령 돌 전후
준비 시간 5분
놀이 난이도 ★☆☆☆

익히지 않은 병아리콩은 매우 단단해서 영유아가 삼켰을 경우 질식의 위험이 있어요. 보호자가 옆에서 꼭 주의하여 살펴봐주세요.

부리처럼 돌기가 난 모습이 마치 병아리를 닮았다 해서 병아리콩이라 불리는 이집트콩은 단백질과 식이섬유가 풍부해 샐러드나 수프, 카레 등 다양한 요리에 활용되는 식재료예요. 병아리콩 특유의 단단하면서도 울퉁불퉁 반들반들한 느낌은 촉각을 자극하고, 위에서 아래로 쏟을 때 나는 소리는 청각도 자극합니다. 병아리콩이 가득한 트레이 위에 동물 피규어 등을 올려놓고 만지고 옮기고 뿌리며 오감 놀이를 해보면 어떨까요?

준비물
병아리콩, 트레이, 동물 피규어, 숟가락이나 국자 등 조리 도구, 그릇

① 병아리콩을 쌀을 씻듯 흐르는 물에 깨끗이 씻어준 뒤, 물기를 말려주세요.
② 물기가 마른 병아리콩을 트레이에 담아주세요.
③ ②에 동물 피규어와 숟가락, 국자, 그릇 등을 함께 놓아주세요.
④ 아이가 자유롭게 탐색할 시간을 충분히 주세요.

단아맘's Tip
- 손뿐만 아니라 발로도 병아리콩의 촉감을 느껴보게 해주면 좋아요.

손가락이나 국자 또는 집게 등을 활용해 병아리콩을 집어 들거나 그릇으로 옮기다 보면 소근육과 눈과 손의 협응력이 키워집니다. 또한 트레이 위의 동물 피규어들에게 병아리콩을 먹이처럼 나눠주는 등 역할 놀이를 하다 보면 상상력과 창의력 향상에도 도움이 되지요. 병아리콩과 같은 자연 재료를 만지고 탐색하는 놀이는 아이들에게 심리적인 안정감을 주고 정서 발달에도 긍정적인 영향을 미칩니다.

60
풍선에 물감을 찍어 그림을 완성해요
풍선 페인팅

발달 영역
촉각 자극
창의력 발달
소근육 발달
미적 감각 발달

추천 연령 돌 전후
준비 시간 5분
놀이 난이도 ★☆☆☆

물감이 주변에 튀어 지저분해질 수 있으니 놀이 전 미리 바닥에 신문지를 깔아두거나 놀이 매트 위에서 하는 것을 추천해요. 아이에게 미술용 가운이나 물감이 묻어도 되는 헌 옷을 입혀도 좋아요.

처음으로 물감을 사용하는 아이에게 붓을 쥐고 물감을 칠하는 활동은 조금 어려운 일이에요. 이럴 때 알록달록하고 촉감도 좋은 풍선은 탁월한 미술 놀이 도구가 되어주지요. 풍선 꼭지 부분은 아이가 손으로 쥐기에 안정적인 손잡이 역할을 하고, 풍선을 도화지 위에 눌러 찍을 때의 탄성은 재미를 더해줍니다. 풍선으로 우리 아이만의 멋진 작품을 완성해보세요.

준비물
풍선, 물감, 넓은 접시, 도화지 또는 캔버스

① 풍선을 적당한 크기로 불어주세요.
② 도화지 또는 캔버스에 풍선을 잡은 꼬마 모습을 스케치해주세요.
③ 넓은 접시에 물감을 짠 뒤, 불어둔 풍선에 물감을 묻혀서 종이에 찍는 모습을 아이에게 시범으로 보여주세요.
④ 아이가 직접 풍선을 쥐고 물감을 묻혀 도화지 위에 찍어보도록 도와주세요.

단아맘's Tip
- 풍선은 아이가 손으로 쥐기 좋은 크기로 불어주세요. 저는 물풍선을 활용했어요.
- 풍선으로 물감 찍기 활동을 할 때, 아이가 물감을 만지는 것에 관심을 보이면 핑거 페인팅을 연계 활동으로 해도 좋아요.

풍선을 손에 쥐고 물감을 묻혀 도화지 위에 찍는 활동을 통해 아이는 자연스레 손의 힘을 조절하고 손의 정교한 근육들을 사용하게 되면서 소근육이 발달합니다. 또한 알록달록 다양한 물감을 사용하면서 미적 감각과 색 인지 능력도 발달하지요. 아이가 직접 만든 작품은 집 안에 전시해두고 아이와 함께 추억을 회상하면서 감상하는 시간도 가져보세요. 아이는 자신이 직접 창작해낸 풍선 페인팅을 보며 성취감을 느낄 거예요.

61
음매음매 젖소야, 맛있는 풀 먹으렴
젖소 풀 먹이기

발달 영역
소근육 발달
인지 발달
정서 발달

추천 연령 돌 전후
준비 시간 15분
놀이 난이도 ★★☆☆

아이가 나뭇잎을 먹지 않도록 옆에서 잘 살펴봐주세요.

물티슈 캡과 상자 등 집에서 많이 배출되는 재활용품을 활용해 젖소에게 풀 먹이기 놀이를 해보세요. 고사리 같은 손으로 젖소에게 나뭇잎 풀을 먹이는 동안 동물을 사랑하는 마음도 생기고, 손과 눈의 협응력도 길러지는 아주 유익한 놀이입니다.

준비물

상자, 물티슈 캡, 칼, 크레용, 접착제, 네임펜, 나뭇잎

① 상자 위에 젖소 모양으로 밑그림을 그려주세요.
② ①에 물티슈 캡을 덧대어 뚜껑 크기만큼 칼로 오려 젖소의 입을 만들어주세요.
③ 밑그림을 따라 젖소 모양을 크레용으로 색칠해주세요.
④ 입 역할을 하는 물티슈 캡을 접착제로 상자 위에 붙여주고, 네임펜으로 꾸며주세요.
⑤ 뚜껑을 열어 나뭇잎을 젖소 입에 넣으며 놀아요.

단아맘's Tip

- 놀이를 하기 전, 미리 젖소의 특징이나 울음소리 등을 그림책을 통해 살펴보면서 젖소에 대해 이야기해보는 시간을 가져보세요. 색종이나 색지로 젖소 먹이를 만들어 활용해도 되지만, 나뭇잎 같은 자연물을 그대로 활용하면 오감 발달에 더 효과적이에요.

단아에게 젖소 풀 먹이기 놀잇감을 만들어주니, 젖소 모양 장난감보다는 그 옆에 놓인 나뭇잎을 먼저 손으로 들고는 요리조리 살펴보며 탐색하는 모습을 보여주었습니다. 그리고 난 뒤 젖소 입에 나뭇잎을 쏙 넣어주었지요. 물티슈 캡 뚜껑을 직접 열고 닫을 수 있어 더욱 흥미로워하며 놀이를 했답니다.

62
꽃 같은 우리 아이의 생애 첫 꽃꽂이 놀이
베이비 꽃꽂이

발달 영역
소근육 발달
인지 발달
정서 발달

추천 연령 돌 전후
준비 시간 5분
놀이 난이도 ★☆☆☆

꽃줄기를 비스듬히 자른 부분이 날카로우니 아이가 찔리지 않도록 주의해주세요.

꽃꽂이는 향긋한 꽃내음도 맡고 아름다운 꽃을 감상하며 정서 함양과 소근육을 발달시킬 수 있어 몬테소리 수업에서 많이 활용되는 활동입니다. 아이가 만든 꽃바구니를 가족들이 주로 생활하는 공간에 놓고 함께 대화를 나누면 아이가 성취감도 느끼고 정서적인 유대감도 쌓을 수 있을 거예요.

준비물
꽃, 플로랄 폼(오아시스), 물, 그릇, 바구니, 원예 가위

① 커다란 그릇에 물을 담고 플로랄 폼을 넣어주세요.
② 플로랄 폼이 물을 충분히 흡수하게 해주세요. 플로랄 폼이 아래로 가라앉으면 사용해요.
③ 꽃줄기 아래 부분은 원예 가위로 비스듬히 잘라주세요.
④ 물을 머금은 플로랄 폼을 바구니에 넣고, ③의 꽃을 꽂아주세요.

단아맘's Tip
- 실제 꽃을 사용하면 좋지만, 조화를 사용해도 무방해요.
- 아이와 함께하는 기초적인 꽃꽂이로 먼저 화병에 물을 붓고 꽃을 꽂는 것부터 시작해도 좋아요. 이 활동 역시 소근육 조절 능력과 집중력을 발달시키는 데 도움을 주지요.

플로랄 폼이 물을 흡수하는 동안 아이와 꽃꽂이할 꽃을 함께 관찰하며 향도 맡고 색깔도 이야기하며 탐색하는 시간을 가져보세요. '꽃'이라는 단어를 알려줘도 좋습니다. 꽃꽂이는 자연과 환경에 대한 관심과 미적 감각을 두루 키워주는 생활 교육입니다. 엄마가 먼저 꽃꽂이하는 모습을 시범으로 보여주세요. 아이는 양육자를 모방할 때 가장 잘 학습한답니다. 아이와 함께 꽃꽂이를 하며 아름답게 성장하는 시간을 가져보세요.

63
셀로판지 너머의 무지갯빛 세상
컬러 돋보기

발달 영역
시각 발달
색 인지 발달
관찰력 발달
탐구심 발달

추천 연령 돌 전후
준비 시간 15분
놀이 난이도 ★★☆☆

아이가 셀로판지를 입에 넣지 않도록 옆에서 잘 살펴봐주세요.

셀로판지는 아이가 빛과 색에 대한 감각을 키우는 데 매우 훌륭한 재료입니다. 다양한 색상의 얇고 투명한 재질인 셀로판지에 빛이 통과하면서 빚어내는 아름다운 색의 향연은 아이의 호기심을 자극하지요. 상자를 돋보기 모양으로 자르고 색색의 셀로판지를 붙여서 겹쳐 보다 보면 색의 혼합 원리를 자연스레 체득할 수 있습니다.

준비물
상자, 가위, 칼, 셀로판지, 풀, 펀치 또는 송곳, 실

① 상자에 돋보기 모양으로 밑그림을 그리고 가위로 오려주세요.
② 돋보기 안쪽은 칼을 이용해 동그라미 모양으로 오려주세요.
③ 동그랗게 구멍을 낸 부분에 색색의 셀로판지를 잘라 풀로 붙여주세요.
④ 돋보기 손잡이 쪽을 펀치(송곳)로 뚫고 실로 엮어주세요.

단아맘's Tip
- 빨강, 파랑, 노랑 셀로판지 돋보기를 겹쳐서 기본 색상 조합을 가르칠 수 있어요. 빨강과 노랑이 겹쳐서 주황, 파랑과 노랑이 겹쳐서 초록, 빨강과 파랑이 겹쳐서 보라가 되는 모습을 관찰하다 보면 색 인지 발달에 도움이 돼요.

셀로판지로 컬러 돋보기를 만들고 난 뒤 햇살이 들어오는 창문에 비춰보기도 하고, 단아와 함께 야외로 나가 컬러 돋보기를 눈에 대고 꽃과 나무, 하늘을 관찰하기도 했습니다. 아름다운 색감의 셀로판지 컬러 돋보기를 통해 자연을 관찰하는 동안 아이의 탐구심과 상상력, 자연을 아끼는 마음이 쑥쑥 자라날 거예요.

64
초코 진흙을 뽀드득뽀드득 깨끗이 씻어내자
동물 샤워 부스

발달 영역
오감 자극
소근육 발달
인지 발달
정서 발달

추천 연령 돌 전후
준비 시간 15분
놀이 난이도 ★★☆☆

물이 사방으로 튈 수 있으니 놀이 매트 위에서 하거나 욕실에서 하는 것을 추천해요. 욕실에서 할 경우, 바닥이 미끄러워질 수 있으니 주의하세요.

동물 피규어를 샤워시키는 감각 놀이는 물놀이를 좋아하는 아이들에게 매우 흥미로운 놀이입니다. 달콤한 초콜릿 향이 가득한 초코 진흙을 손으로 만지고 물로 씻는 과정에서 후각과 촉각 등 오감이 자극되고, 아이가 손으로 직접 동물 피규어를 씻겨주는 과정은 소근육 발달과 정서 발달에 도움이 되지요. 또한 목욕 및 청소 같은 생활 습관도 간접적으로 익힐 수 있습니다.

준비물

동물 피규어, 플라스틱 우유통, 요구르트병, 트레이 2개, 글루건, 송곳, 초콜릿 가루, 옥수수 전분 , 물

① 트레이 바닥을 얇게 다 채울 정도로 초콜릿 가루와 옥수수 전분을 섞은 혼합 가루에 물을 한 컵 정도 넣고 섞어서 초코 진흙을 만들어주세요. 물의 양에 따라 점도가 달라지므로 물을 천천히 조금씩 넣으면서 알맞은 농도를 만들어주세요.
② 다 사용한 플라스틱 우유통 아래 부분을 송곳으로 뚫어주세요.
③ ②의 우유통에 난 구멍 양 옆에 글루건으로 요구르트병을 붙여서 동물 피규어가 들어갈 만한 공간을 만들어주세요.
④ 우유통에 깨끗한 물을 채워주세요.
⑤ 남은 트레이에 ④의 우유통 샤워 부스를 설치해주세요.
⑥ 동물 피규어에 초코 진흙을 묻힌 뒤, 우유통 샤워 부스에서 목욕시켜주세요.

단아맘's Tip

- 우유통 대신 페트병을 활용해도 돼요. 샤워 부스 만들기가 번거롭다면 생략하고, 한쪽 트레이에 물만 받아서 피규어를 목욕시켜줘도 무방해요. 이때 목욕 샴푸 등으로 거품을 내주면 아이가 더 흥미로워할 거예요.

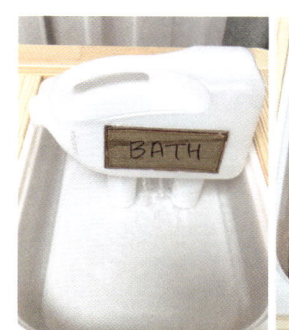 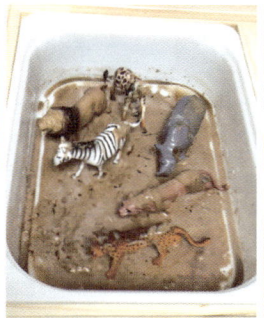  

동물 샤워 부스 놀이는 피규어를 보면서 동물 이름도 익히는 등 언어 놀이로도 확장이 가능합니다. 꼭 동물 피규어가 아니더라도 아이가 좋아하는 다른 장난감을 활용해서 재미있는 목욕 시키기 놀이를 해보세요.

65
소중한 사람의 생일을 축하해요
생일 케이크 카드

발달 영역
소근육 발달
인지 발달
정서 발달

추천 연령 돌 전후
준비 시간 15분
놀이 난이도 ★☆☆☆

글루건을 사용할 때 뜨거운 열에 의해 화상을 입을 수 있으니 주의하세요.

아이와 함께 사랑하는 가족이나 친구의 생일을 축하하며 생일 케이크 카드를 만들어 선물해보세요. 생일 케이크 카드를 꾸미기 위해 스티커나 폼폼이 등을 붙이는 손 조작 활동을 통해 소근육이 발달할 뿐만 아니라 소중한 사람들에게 사랑과 감사를 표현하는 방법을 배울 수 있습니다.

준비물

동일한 두께의 다양한 색상지, 검은 도화지, 가위, 풀, 폼폼이, 스티커, 글루건

① 준비한 색상지를 가위로 오려주세요. 이때 맨 아랫단을 가장 길게, 위로 갈수록 5cm 정도씩 짧아지도록 조절해 잘라주세요.
② 검은 도화지 위에 ①의 색상지를 입체적으로 보이게끔 동그랗게 말아준 뒤, 양끝을 풀로 살짝 붙여주세요.
③ 폼폼이, 스티커 등 각종 꾸미기 재료로 자유롭게 꾸며주세요.

단아맘's Tip

- 아이에게 직접 폼폼이와 스티커 등을 생일 케이크 카드에 붙여 장식하게 해 줬어요. 폼폼이는 글루건으로 붙이는데, 손이 데이지 않게 미리 글루건을 쏜 다음 열을 약간 식힌 후 붙여주세요.

요새 단아는 '하삐(할아버지)'를 제일 좋아한답니다. 그래서 할아버지 생신 때 직접 생일 케이크 카드를 만들어 할아버지에게 드렸지요. 카드를 만들기 전, 단아와 할아버지 사진도 보고 생일의 의미를 알려주는 그림책도 함께 읽었습니다. 아이가 손수 만든, 세상에 단 하나뿐인 카드를 받아보신 할아버지가 얼마나 기뻐하셨는지 몰라요. 소중한 가족의 생일이나 크리스마스 같은 기념일에 아이와 함께 카드를 만들면서 좋은 날을 축하해보세요. 사랑과 감사의 마음을 나누는 방법을 아이가 배울 수 있을 거예요.

66
보석 같은 알맹이가 후두둑후두둑
석류 오감 놀이

발달 영역
오감 자극
소근육 발달
인지 발달
정서 발달

추천 연령 돌 전후
준비 시간 15분
놀이 난이도 ★☆☆☆

탐스럽게 붉은 열매 안에 루비 같은 알갱이가 알알이 박힌 석류는 맛도 좋고 건강에도 좋은 슈퍼 푸드예요. 손가락으로 알갱이를 떨어내기도 하고, 그릇에도 옮겨 담아보고, 한 알씩 입에 넣어 맛을 보고 향을 느끼다 보면 오감이 두루 자극되는 즐겁고 신나는 놀이입니다.

석류는 복숭아, 키위, 딸기처럼 알레르기를 유발할 가능성이 있으므로 놀이와 간식으로 동시에 활용할 때는 돌 이후에 할 것을 추천해요.

준비물
석류, 베이킹소다, 칼, 숟가락이나 국자 등 조리 도구, 그릇

① 석류를 베이킹소다로 깨끗이 닦아주세요.
② 석류 꼭지 부분을 너무 깊지 않게 칼로 자르거나 사각형으로 도려내주세요.
③ 안쪽에 보이는 심지를 따라 과피에 얇게 칼집을 내주세요.
④ 칼집 낸 과피를 양손으로 잡고 당겨주세요
⑤ 석류 알맹이를 손으로 떨어내거나 도구를 이용해 반 정도 떨어내주세요.

단아맘's Tip
- 석류 알맹이를 엄마가 모두 미리 떨어내지 말고, 반 정도는 그대로 남겨주세요. 아이가 직접 손가락이나 도구를 사용해 석류 알맹이를 떨어내면서 소근육을 조절하는 힘을 키울 수 있어요.

석류로 오감 놀이를 할 때 처음에는 껍질을 까지 않은 상태로 아이가 탐색하게 해주세요. 둥근 석류를 굴리고, 표면도 만지고, 사과처럼 빨간 다른 과일과 비교도 해보는 겁니다. 그다음엔 석류를 반으로 갈라 알맹이를 관찰할 시간을 충분히 주세요. 알맹이를 맛보고, 터뜨리기도 하고, 그릇에 옮겨 담을 수 있도록요. 직접 떨어낸 석류 알맹이를 컵에 담은 뒤 탄산수를 따라 맛있는 석류 에이드를 만드는 확장 놀이도 한번 시도해보시길 바랍니다.

67
눈처럼 하얀 도화지 위에 발자국을 콩콩
에어 캡 발자국 찍기

발달 영역
소근육 발달
인지 발달
미적 감수성 발달
정서 발달

추천 연령 돌 전후
준비 시간 10분
놀이 난이도 ★☆☆☆

에어 캡을 감싼 발에 물감이 묻으면 걸을 때 다소 미끄러울 수 있으니 아이가 균형을 잡을 수 있도록 보호자가 옆에서 손을 꼭 잡아주세요.

어린 시절 에어 캡 하나만 있으면 손으로 꼬집고 터뜨리면서 노느라 시간 가는 줄 몰랐던 경험, 다들 있으시죠? 아이가 막 걸음마를 배우기 시작했다면 에어 캡 발자국 찍기 놀이를 꼭 해보세요. 에어 캡이 터지는 소리와 촉감도 재미있는 데다 걸을 때마다 예쁜 색으로 발자국이 찍히는 것을 보고 아이가 걷기에 더욱 큰 흥미를 갖게 될 테니까요.

준비물
전지, 에어 캡, 박스 테이프, 물감, 트레이

① 전지를 바닥에 넓게 펼쳐준 뒤 모서리 부분을 테이프로 단단히 고정시켜주세요.
② 트레이에 물감을 색깔별로 짜주세요.
③ 아이 발에 에어 캡을 감싸준 뒤, 박스 테이프로 느슨하게 묶어주세요.
④ 에어 캡을 감싼 아이 발에 물감을 묻혀 자유롭게 걸어 다니도록 도와주세요.

단아맘's Tip
- 아이가 아직 걸음마를 떼지 못했다면, 손에 에어 캡을 둘러줘서 물감 찍기 놀이를 해도 좋아요.

아이의 손이나 발에 에어 캡을 감쌀 때, 아이가 낯설어할 수도 있습니다. 그럴 때는 아이가 에어 캡 질감에 익숙해지도록 탐색할 시간을 충분히 준 다음, 발자국 찍기 놀이를 해도 좋아요. 에어 캡을 터뜨리는 행동은 손가락의 힘을 길러주고 미세한 소근육을 발달시켜주는데, 새로운 사물을 탐색하면서 느꼈던 감각이 기억으로 쌓이면 낯선 사물에 대한 탐구심을 점차 길러줄 수 있습니다.

68
아름다운 자연을 새로운 눈으로 보게 해줘요
네이처 프레임

발달 영역
소근육 발달
인지 발달
정서 발달

추천 연령 돌 전후
준비 시간 15분
놀이 난이도 ★☆☆☆

프레임의 모서리 양쪽 끝이 날카롭지 않도록 둥글게 오려주세요.

자연은 세상에서 가장 큰 학교라고 합니다. 자연 속에서 자유롭게 뛰놀다 보면 감수성은 물론이고, 창의성과 상상력이 부쩍 길러지고, 학업 성취도 면에서도 큰 도움이 된다고 해요. 상자에 나비, 나무, 물고기, 하트 등 간단한 모양을 그리고 잘라서 네이처 프레임을 만들어보세요. 엄마표 네이처 프레임을 들고 야외로 나가 아름다운 자연을 탐색하다 보면 자연을 사랑하는 마음과 새로운 시선으로 자연을 탐구하는 눈이 생길 거예요.

준비물
상자, 칼, 사인펜이나 색연필

① 상자에 원하는 모양으로 자유롭게 밑그림을 그려주세요.
② 밑그림 선을 따라 칼로 오려주세요.
③ ②의 프레임 테두리를 사인펜이나 색연필 등으로 꾸며주세요.
④ 네이처 프레임을 들고 자연으로 나가 관찰해보세요.

단아맘's Tip
- 아이와 야외로 산책을 나갈 때 네이처 프레임을 가지고 가면 좋아요. 자주 다니는 산책로여도 네이처 프레임을 통해서 바라보면 한결 새롭게 느껴질 거예요.

산림청 조사에 따르면 숲 교육 후에 아이들은 학습 능력, 환경 감수성, 면역력과 사회성이 발달했을 뿐만 아니라 지능 지수(IQ), 감성 지수(EQ), 영성 지수(SQ)가 높아지고 자아 개념이 확립되는 등 수많은 이점이 있음을 확인했다고 해요. 독일 하이델베르크대의 연구에 따르면 숲 유치원을 거쳐 학교에 들어간 아이들의 학습 능력이 일반 유치원 아이들보다 훨씬 뛰어났다고도 하지요. 숲에서 스스로 놀잇감을 찾으며 놀았던 경험이 창의력을 발달시켜줬기 때문입니다. 네이처 프레임을 들고 아이과 함께 자연 속으로 걸어 들어가보세요. 새로운 시선으로 자연을 탐구하는 동안 아이의 몸과 마음이 건강하게 성장할 테니까요.

육아 퇴근 후
쉼 한 조각

가족,
늘 고맙고도 미안한 이름

여느 때처럼 일을 마치고 퇴근하던 저녁,
문득 꽃집에 들르고 싶어졌던 날이 떠오릅니다.
기념할 만한 특별한 날이 아니었는데도 말이지요.
그날 저는 제가 세상에서 제일 사랑하는 두 사람을 위해
꽃집에 들러 소담한 꽃다발 두 개를 샀어요.

꽃다발의 주인공은 바로
친정 엄마와 단아.

그날은 외부 미팅이 있어서 평소보다 귀가가 조금 늦었지만
친정 엄마의 헌신적인 도움 덕분에
마음을 졸이지 않고 편안히 일에 집중할 수 있었어요.

일과 육아 사이에서 몸과 마음이 힘들 때마다
저는 친정 엄마의 젊은 시절을 떠올리며
마음을 단단하게 먹곤 한답니다.

'엄마는 나보다도 어린 나이에 어떻게
혼자서 언니와 나를 키우셨을까?
나는 단아 하나만 키우면서도
이렇게 엄마의 도움을 한껏 받고 있는데…'

그 누구보다 딸의 성장을 응원하며
지금도 여전히 헌신을 다하시는 친정 엄마를 떠올릴 때마다
벅차오르는 감사와 죄송스러운 마음이 교차하며
저도 모르게 눈물이 나곤 하는데요,
평소에는 어찌된 영문인지 그 마음을 살갑게 표현하는 것이
좀처럼 쉽지가 않더라고요.

그래서 이날은 소박한 꽃다발 안에
그간 표현하지 못했던 마음을 가득 담아
감사와 사랑을 전해보기로 했어요.

고맙고 미안한 마음은 단아에게도 마찬가지였는데요,
요즘 외출을 거의 하지 못해 답답했을 아이에게
이렇게라도 자연을 보여주고 싶은 마음에
아이를 위한 작은 꽃다발을 함께 준비해보았답니다.

예상치 못한 꽃 선물을 받은 친정 엄마와 단아는
무척 행복한 표정으로 화답해주었는데,
그 얼굴이 저에게는 더 큰 선물이었답니다.

사랑하는 가족에게 나의 마음을 전하기가
조금은 부끄럽고 겸연쩍다면

꽃다발 속에 마음을 담아 깜짝 선물을 해보면 어떨까요?

사랑은 아무리 표현해도 부족하지 않다는 사실을,
마음은 나눌수록 더 큰 행복으로 되돌아온다는 사실을,
늘 잊지 않고 살아가고 싶습니다.

부부 사이에 얼마나 많은 대화를 나누고 있나요?

한때는 서로에 대한 모든 것을 알고 싶어
늘 눈을 마주치고 귀를 기울였던 관계.

하지만 아이가 태어나고 나면
'엄마' '아빠'라는 새로운 역할이 더해지면서
부부가 단둘만의 오롯한 시간을 갖는 일이
매우 어려워지는 게 현실이지요.

저는 그럼에도 불구하고
일주일에 한 번, 단아가 잠든 시간 등을 이용해
꼭 '부부만의 시간'을 마련해서
그 시간만큼은 서로의 마음과 생각을
깊이 나누려고 노력하고 있답니다.

문득 시부모님의 배려로 단아를 시댁에 맡기고
남편과 오랜만에 바깥에서 데이트를 한 날이 떠오르네요.

시간에 쫓기지 않으며 맛있는 브런치를 먹고
공원을 천천히 산책하는 여유로움도 좋았지만,
그날의 부부 데이트가 인상적이었던 것은
우리들의 화제가 '단아'가 아닌
'우리들 자신'이었다는 사실이었어요.

내가 요즘 감동적으로 읽은 책의 구절은 무엇인지,
내가 앞으로 무엇을 하며 살고 싶은지,
'나'를 주어로 놓은 이야기들에
'그'가 귀를 기울여준다는 사실이 새삼 설레더라고요.

남편이 자신이 요즘 회사에서 겪는 어려움은 무엇인지
새롭게 도전해보고 싶은 영역이 무엇인지를 말해주었을 땐
이 사람이 이런 생각을 하며 살고 있었구나 싶었고요.

아이를 중심에 둔 대화만 가득해져서
가장 가까운 사이지만
서로를 이해하지 못하는 때가 늘어난 것 같다면,
부부 둘만을 위한 시간을 마련해서
서로의 마음을 이해하는 시간을 가져보시길 권해봅니다.

사랑하는 사람과의 관계를 지키기 위해
가장 필요한 것은 바로
마음을 나누는 대화이니까요.

PART 4
사계절을 느껴봐요,
오감 발달 계절 놀이

69
봉긋한 계란판 언덕 위에 꽃이 피었어요
계란판 미니 꽃밭

발달 영역
소근육 발달
인지 발달
정서 발달

추천 연령 돌 전후
준비 시간 15분
놀이 난이도 ★☆☆☆

아이가 아이스크림 막대로 만든 꽃을 계란판에서 뽑거나 꽂을 때 막대가 눈을 찌르지 않도록 잘 살펴봐주세요.

추운 겨울이 지나고 어느덧 따뜻한 봄이 찾아오면, 가장 먼저 생각나는 것은 바로 아름다운 꽃들의 개화 소식이에요. 미세 먼지나 기상 악화로 외출하기가 쉽지 않을 때 집에서 아이와 함께 재활용품으로 미니 꽃밭을 만들어보면 어떨까요?

준비물

계란판, 종이, 색연필, 코팅기 또는 손 코팅지, 가위, 아이스크림 막대, 스카치테이프, 칼

① 종이에 꽃과 꿀벌 등을 밑그림으로 그리거나 프린트한 후, 색연필로 색칠해 주세요.
② 코팅기나 손 코팅지를 활용해서 ①을 코팅하고 가위로 오려주세요.
③ 아이스크림 막대 윗부분에 ②를 스카치테이프로 붙여주세요.
④ 계란판을 뒤집어 칼로 홈을 내고 꽃 막대를 꽂아주세요.

단아맘's Tip

- 아이와 함께 꽃을 그리고 색칠하는 시간을 가져도 좋아요. 놀잇감을 만드는 과정에서부터 참여하면 아이가 놀이에 더욱 주도적으로 참여하게 돼요.

계란판은 장을 보고 나면 자주 생기는 재활용품인데요, 깨지기 쉬운 계란을 보호할 용도로 만들어진 포장재라서 견고하고 튼튼해 아이 놀잇감 재료로 아주 좋답니다. 종이 위에 아이와 함께 꽃을 그리고 색칠하고 오리고 붙이면서 예쁜 계란판 미니 꽃밭을 만들어 거실 한 켠을 꾸며보세요. 계란판 홈에 꽃 막대를 끼웠다 빼냈다 하면서 미세한 소근육과 손의 힘 조절 능력, 눈과 손의 협응력도 키울 수 있습니다.

70
완두콩 잔디밭에 봄이 왔어요
봄놀이 스몰 월드

발달 영역
시각·촉각 발달
소근육 발달
인지 발달
정서 발달

추천 연령 돌 전후
준비 시간 15분
놀이 난이도 ★☆☆☆

곤충 피규어나 꽃잎을 아이가 입에 넣지 않도록 잘 살펴봐주세요.

완두콩은 탄수화물과 비타민 B1이 풍부하고, 단백질을 다량 함유해서 두뇌 발달에 좋은 식재료예요. 식재료를 이용한 감각 놀이는 아이가 낯설어하는 음식과 친해질 수 있는 기회를 마련해줍니다. 봄놀이 스몰 월드는 완두콩을 잔디밭 삼아 그 위에 꽃잎과 곤충 피규어 등을 올려서 우리 아이만의 작은 정원으로 꾸며보는 놀이예요. 작은 완두콩을 손가락으로 집어 들다 보면 소근육과 눈과 손의 협응력도 부쩍 발달한답니다.

준비물
완두콩, 플라스틱 통, 꽃잎, 곤충 피규어

① 완두콩을 흐르는 물에 깨끗이 씻어주세요.
② 플라스틱 통에 ①의 완두콩을 담아 파릇파릇한 잔디 느낌을 연출해주세요.
③ 완두콩 위에 꽃잎도 뿌려주세요.
④ 벌, 나비 등 곤충 피규어로 장식해주세요.

단아맘's Tip
- 완두콩은 생으로 사용해도 되지만, 삶아서 놀이에 활용해도 좋아요. 아이들이 자연스레 완두콩을 만지고 놀면서 간식처럼 먹을 수도 있어요.

완두콩을 활용한 또 다른 감각 놀이로 지퍼백에 완두콩과 물을 넣은 뒤 지퍼백 입구를 단단히 잠가 만든 센서리 백을 추천해요. 완두콩 센서리 백을 바닥이나 테이블에 놓고 테두리를 테이프로 잘 붙여주면, 완두콩의 질감을 느끼며 놀 수 있는 센서리 백 존이 완성됩니다.

71
머리 위에 꽃이 활짝!
벚꽃 꽃꽂이

발달 영역
소근육 발달
인지 발달
정서 발달

추천 연령 돌 전후
준비 시간 15분
놀이 난이도 ★★★☆

향기가 진한 생화도 좋지만, 시들지 않아 오래도록 볼 수 있는 조화도 꾸미기 놀이를 할 때 참 좋은 재료입니다. 다이소 등에 가면 조화를 쉽게 구할 수 있는데요, 봄꽃의 대표적인 주인공인 벚꽃 조화로 우리 아이 사진을 예쁘게 꾸며주는 놀이를 소개해볼게요.

준비물

꽃(조화), 상자, 아이 사진, 프린터, 송곳, 가위, 풀

① 아이 사진을 프린트한 뒤 가위로 오려서 상자에 붙여주세요.
② 아이 머리 위나 배경 곳곳에 송곳으로 구멍을 내주세요.
③ 조화 꽃을 ②의 구멍들에 꽂아주세요.
④ 상자에 'Flower'라는 단어와 하트 모양 등을 프린트해 붙여 꾸며도 좋아요.

단아맘's Tip

- 상자에 아이 얼굴을 그림으로 그려도 되지만, 아이 사진을 오려 붙이는 것을 추천해요. 자신의 얼굴이 붙어 있는 상자를 보면 아이가 호기심 어린 눈으로 놀이에 참여할 거예요.

벚꽃 꽃꽂이를 할 때는 아이에게 상자에 난 구멍에 조화를 끼우는 모습을 먼저 시범해 보여주세요. 그다음 아이에게도 조화를 건네주고 스스로 구멍에 끼울 수 있도록 도와주세요. 벚꽃 꽃꽂이는 집 안에서도 예쁜 봄꽃을 보며 계절을 한껏 느끼고, 꽃을 꽂았다 빼냈다 하면서 손과 눈의 협응력과 소근육도 발달시켜주는 유익한 봄놀이입니다. 아이와 함께 실내 벚꽃 꽃꽂이 놀이를 즐긴 후에는 야외로 나가 잠시 산책하면서 길가에 핀 예쁜 꽃들을 감상하는 시간도 가져보세요.

72
창문에서 퍼지는 장미의 향기
장미꽃 선캐처

발달 영역
소근육 발달
미적 감수성 발달
인지 발달
정서 발달

추천 연령 돌 전후
준비 시간 15분
놀이 난이도 ★★☆☆

장미꽃 선캐처는 볕이 잘 드는 창문에 재활용 상자를 이용해 예쁜 하트 프레임을 만들고, 안쪽에 접착 시트를 붙여서 꽃잎을 한 장 한 장 붙이는 놀이예요. 장미꽃잎을 다 붙이고 나면 마치 스테인드글라스처럼 꽃잎 너머로 비치는 햇살에 꽃잎이 더욱 아름답게 빛난답니다.

준비물
상자, 펜, 가위, 장미꽃잎, 접착 시트지나 양면테이프, 칼

① 상자에 하트 프레임 모양으로 밑그림을 그린 후, 가위로 오려주세요.
② ①의 뒷면에 접착 시트지 또는 양면테이프를 붙여주세요.
③ 빛이 들어오는 창문에 ②의 하트 프레임을 붙여주세요.
④ 하트 프레임 안에 장미꽃잎을 한 장 한 장 붙이며 놀아요.

단아맘's Tip
- 놀이를 하기 전, 장미꽃을 탐색하는 시간을 가져보세요. 빨간 장미꽃과 동일한 색깔의 사물을 찾아보기도 하고, 장미꽃을 아이 코끝에 대줘서 향기도 맡을 수 있게 해주는 등 시각과 후각을 자극시켜주세요.

장미꽃 선캐처는 스티커를 떼고 붙일 수 있는 정도의 손가락 힘을 지닌 영아라면 누구나 쉽게 할 수 있는 자연 미술 놀이입니다. 장미꽃잎 특유의 보들보들한 촉감과 향기를 느끼면서 꽃잎을 창문에 붙이는 동안 아이는 오감을 자극받으며 즐겁게 놀이에 몰입할 거예요. 간단한 재료만으로도 집 안에서 자연의 변화를 느끼며 교감하는 활동을 할 수 있답니다.

73
오늘부터 나는 부지런한 꼬마 농부
펠트 텃밭 가꾸기

발달 영역
소근육 발달
언어 발달
인지 발달
정서 발달

추천 연령 돌 전후
준비 시간 15분
놀이 난이도 ★★☆☆

봄은 파종의 계절이기도 합니다. 흙을 일구고, 씨앗을 뿌리는 등 가을의 수확을 위한 준비를 하는 시간이지요. 폭신하고 부드러운 촉감의 펠트와 재활용 상자를 이용해 펠트 텃밭을 만들어 가꿔보세요. 실내에서 간접적으로 텃밭 가꾸기 활동을 하며 야채들의 특징도 배우고, 야채 장난감을 뽑으며 수확의 기쁨도 함께 느낄 수 있는 자연 교육 놀이입니다.

준비물

펠트지(갈색), 솜, 스테이플러나 실과 바늘, 상자, 가위, 야채 펠트 장난감

① 갈색 펠트지에 솜을 뭉치로 넣어서 통통하게 채워주세요
② ①을 실로 꿰매거나 스테이플러로 찍어 봉합해주세요.
③ 갈색 펠트지 뭉치를 상자에 넣어 밭을 만들어주세요.
④ 펠트지 밭고랑 사이에 야채 펠트 장난감을 넣어주세요.
⑤ 상자 윗면을 펠트지를 이용해 하늘과 해, 푸른 잔디 등으로 꾸며도 좋아요.

단아맘's Tip

- 텃밭에 심긴 야채의 이름을 하나하나 알려주고, 색깔이나 모양, 맛 등 그 특징도 설명해주세요. 아이와 텃밭에 심겨진 야채를 찾는 게임을 해도 좋아요.

펠트지는 색감도 다양하고 촉감이 폭신폭신하고 부드러워 놀잇감을 만들기에 좋은 재료입니다. 펠트 텃밭에 심을 야채들은 시중에 판매하는 펠트 장난감을 활용해도 되고, 직접 펠트지를 재단해서 만들어도 돼요. 텃밭 가꾸기는 교육적으로 많은 이점이 있습니다. 먼저 농작물이나 식물을 가꾸는 일은 정서 함양에 도움이 되지요. 또한 아이들이 어려서부터 농산물을 직접 재배하는 경험을 하면 수확의 기쁨과 생명의 소중함을 배울 수 있답니다. 엄마표 펠트 텃밭 가꾸기 놀이로 아이에게 텃밭을 가꾸는 보람을 느끼게 해주세요.

74
얼음 가득한 물속에서 더위를 날려버려요
아이스 물놀이

발달 영역
시각·촉각 발달
소근육 발달
인지 발달
정서 발달

추천 연령 돌 전후
준비 시간 10분
　　　　 + 얼음 얼리는 시간
놀이 난이도 ★☆☆☆

물과 얼음으로 바닥이 미끄러워질 수 있으니 아이가 일어서거나 장난을 쳐서 미끄러지지 않도록 잘 살펴봐주세요.

아이들은 어른보다 체온이 높아서 더위를 한층 더 강하게 느끼는데요, 무더위를 날려준 시원한 계절 놀이를 알려드릴게요. 바로 보기만 해도 시원해지는 얼음을 이용한 물놀입니다. 예쁜 색상으로 염색된 얼음을 욕조에 넣어주면 무더위도 시간도 어떻게 지나가는지 모를 정도로 몰두해서 노는 아이 모습을 발견할 수 있어요.

준비물

욕조, 물, 얼음 틀, 피규어, 식용색소, 트레이, 스포이드

① 얼음 틀에 물을 넣어 얼음을 얼려주세요.
② 작은 피규어가 있다면 식용색소를 넣은 물과 함께 얼음 틀에 넣어 얼려주세요.
③ 욕조에 따뜻한 물을 채우고, 파란색 식용색소를 3~5방울 떨어뜨려주세요.
④ 냉동실에서 ①과 ②의 얼음을 꺼내 트레이 안에 채워주세요.
⑤ 식용색소를 넣은 물을 스포이드를 이용해 얼음 위에 뿌리며 놀아요.

단아맘's Tip

- 욕조에 아이 발목 정도 높이로 따뜻한 물을 채워주세요. 얼음을 주재료로 한 놀이이다 보니 놀다 보면 냉기가 돌기 때문에 적당하게 따뜻한 물이 좋답니다. 여기에 파란색 식용색소를 더하면 바다 느낌을 더할 수 있어요. 보통 여름에 추천하는 놀이이지만 실내 놀이인 만큼 계절과 상관없이 가능해요.

얼음은 아이들이 너무 좋아하는 훌륭한 놀잇감 중 하나입니다. 투명한 얼음을 만지면서 시원하고 매끄러운 촉감을 느끼며 아이들은 얼음의 특징을 배워요. 이때 얼음을 만져본 촉감이나 특징을 아이에게 말로 설명해주면 좋습니다. 위에서 제시한 트레이, 식용색소, 스포이드, 피규어 등은 선택 사항이에요. 욕조에 얼음만 얼려서 넣어줘도 아이들은 충분히 좋아하지요. 하지만 식용색소와 피규어를 넣어 얼린 얼음을 함께 넣어주면 시각 자극도 되고 얼음이 녹으면서 피규어를 발견하는 재미도 있어 더욱 즐거운 놀이가 됩니다.

75
얼음 물감으로 색칠도 하고 더위도 쫓고
얼음 물감 페인팅

발달 영역
소근육 발달
인지 발달
정서 발달

추천 연령 돌 전후
준비 시간 5분
　　　　+ 얼음 얼리는 시간
놀이 난이도 ★☆☆☆

놀이를 하면서 물이 사방으로 튈 수 있으므로, 놀이 매트 위에서 하거나 비닐을 준비하면 한결 청소가 수월합니다.

가만히 있어도 등에 땀이 흐르는 한여름, 덥다고 칭얼대는 아이를 달래줄 비장의 무기를 하나 알려드릴게요. 바로 색도 곱고 시원한 얼음 물감입니다. 식용색소를 넣어 얼린 물감을 아이의 손에 쥐어주세요. 흰 도화지에 색색의 시원한 얼음으로 그림을 그리는 동안 상상력과 창의력이 쑥쑥 자라날 거예요.

준비물
얼음 틀, 물, 식용색소, 아이스크림 막대, 도화지

① 얼음 틀에 물을 부어줍니다.
② 원하는 색을 골라 식용색소를 얼음 틀 속 물에 풀어줍니다.
③ 색이 섞이게 잘 저어준 뒤, 아이스크림 막대를 꽂아 냉동실에 넣고 얼립니다.
④ 완성된 얼음 물감을 꺼내 도화지에 마음껏 그림을 그립니다.

단아맘's Tip
- 냉동실에서 얼음 물감을 얼리는 시간을 감안하여 아이와 놀이를 하기 전날 밤에 미리 만들어두면 다음 날 빠르게 놀이를 할 수 있습니다.

흰 도화지에 얼음을 문지를 때마다 알록달록한 색이 묻어나오는 걸 보면서 아이가 무척 신기해했던 기억이 납니다. 손에 조금만 힘을 주어도 얼음이 녹으며 도화지 위에 멋진 패턴의 그림이 완성되었지요. 놀이를 하는 동안 아이에게 얼음이 녹으며 점점 작아지는 과정에 대해서도 설명해주면 좋습니다. 얼음을 도화지에 문지를 때마다 묻어나오는 색상과 얼음의 차가운 감촉이 시각과 촉각을 자극시켜주는 감각 놀이입니다. 무엇보다 흰 도화지에 자유롭게 자신의 느낌에 따라 그림을 그려보며 창의력과 상상력을 키울 수 있는 즐거운 감각 놀이랍니다.

76
알록달록한 얼음들은 어디로 사라졌을까?
무지개 얼음 녹이기

발달 영역
시각·촉각 발달
소근육 발달
인지 발달
정서 발달

추천 연령 돌 전후
준비 시간 5분
  + 얼음 얼리는 시간
놀이 난이도 ★☆☆☆

욕조에 물을 받을 때,
평소 아이의 목욕물
온도로 받아주세요.

얼음은 아이에게 매우 놀라운 물질이에요. 딱딱하고 시원한 덩어리인데 따뜻한 손으로 만지작거리다 보면 어느새 눈앞에서 사라져버리니 신기할 수밖에요. 더운 여름, 무더위에 짜증을 내는 아이의 시선을 사로잡을 재미있는 놀이를 알려드릴게요. 식용색소를 넣은 물을 얼음 틀에 넣어 얼려서 욕조에 넣어주면 끝! 오색 빛깔 얼음이 물속에서 사르르 녹는 모습을 아이가 무척 즐거워하고 흥미로워할 거예요.

준비물
욕조, 식용색소, 물, 얼음 틀, 나무 막대

① 식용색소를 넣은 물을 얼음 틀에 부어주세요.
② ①에 손잡이로 쓸 나무 막대를 꽂아주고, 냉동실에 넣어 얼려주세요.
③ 서너 시간 후 얼린 얼음을 얼음 틀에서 꺼내주세요.
④ 욕조에 따뜻한 물을 받고 아이를 욕조 안에 넣어주세요.
⑤ 아이가 무지개 얼음 막대기를 자유롭게 가지고 놀 수 있도록 해주세요.

단아맘's Tip
- 얼음만 얼려줘도 되지만, 아이가 얼음을 손에 쥐고 있기에는 너무 차갑고 쉽게 미끄러지므로 나무 막대를 꽂아 손잡이를 만들어주면 좋아요.

무지개 얼음 녹이기 놀이는 물놀이와 물감 놀이가 환상적으로 조합된 엄마표 놀이예요. 아이들에겐 욕조에서 얼음을 가지고 노는 것 자체가 즐거운 이벤트인데, 여기에 알록달록한 색깔 얼음이 투명한 물에 녹으며 물감이 퍼지는 과정을 살펴볼 수 있으니 얼마나 흥미진진할까요? 여름에 하는 걸 추천하는 놀이이지만, 욕조에 따뜻한 물을 받아 하는 물놀이라서 계절에 관계없이 사시사철 즐길 수 있는 놀이입니다.

77
우리 집 베란다에서 즐기는 시원한 여름휴가
여름 홈캉스

발달 영역
소근육 발달
언어 발달
인지 발달
정서 발달

추천 연령 돌 전후
준비 시간 15분
놀이 난이도 ★★☆☆

가위로 오린 코팅지의 모서리가 날카로우니 모서리 부분은 꼭 둥글게 오려주세요.

멀리 피서를 떠나지 않고도 집 안에서 휴가 기분을 낼 수 있는 방법을 알려드릴게요. 튜브, 선글라스, 수박과 아이스크림 등 여름 하면 떠오르는 다양한 이미지들을 출력해 해변을 배경으로 하는 종이 위에 붙였다 떼었다 하는 놀이를 해보세요. 미니 파라솔과 의자도 가져다두면 한결 더 휴가지에 온 듯한 분위기를 물씬 느낄 수 있답니다.

준비물

바다 배경과 여름 이미지 인쇄물, 코팅기나 손 코팅지, 가위, 원형 벨크로 테이프

① 바다 배경과 여름 이미지들을 모아 프린트해주세요.
② ①을 코팅기나 손 코팅지를 이용해 코팅해주세요.
③ 코팅한 여름 이미지들을 가위로 오리고, 뒤에 원형 벨크로 테이프를 붙여주세요.
④ 바다 배경을 코팅한 판에는 원형 벨크로 스티커의 반대 부분을 붙여주고, 여름 이미지들을 붙여주세요.

단아맘's Tip

- 원형 벨크로 스티커가 없다면 양면테이프를 활용해도 돼요.
- 여름 이미지들을 프린트할 때, 여름옷을 입은 아이의 사진도 함께 프린트해주세요. 자신의 모습이 담긴 이미지가 있으면 아이의 호기심을 자극해 놀이에 적극적으로 참여하게 만들 수 있어요.

시중에도 아이의 놀이와 학습을 위한 장난감과 교구가 많이 있지만, 엄마표 교구는 전천후로 응용이 가능하다는 점에서 정말 특별한 것 같아요. 우리 아이의 관심사와 눈높이에 맞춰서 딱 맞춤한 만들기가 가능하기 때문이지요. 이번에 만들어본 여름 홈캉스 워크지는 여름을 대표하는 키워드도 살펴보고, 아이콘을 붙였다 떼었다 하며 소근육도 발달시키는 실내 놀이인데요, 이외에도 계절에 따라 이미지들을 변경해서 다양한 방식으로 변주한 워크지를 만들 수 있습니다.

78
공룡들아, 차가운 얼음에서 너희를 꺼내줄게!
얼음 속 공룡 구출 대작전

발달 영역
시각·촉각 발달
소근육 발달
인지 발달
정서 발달

추천 연령 돌 전후
준비 시간 10분
　　　　　+ 얼음 얼리는 시간
놀이 난이도 ★☆☆

놀이를 하면서 물이 사방으로 튈 수 있으니 놀이 매트 위에서 하거나 미리 바닥에 비닐이나 수건을 깔아두면 좋아요.

앞서 제시된 놀이법에서 식용색소를 넣은 물을 얼린 얼음은 전천후로 사용 가능한 엄마표 놀잇감이었는데요, 이번에 알려드리는 놀이도 컬러 얼음을 활용한 놀이예요. 얼음이 녹는 모습을 지켜보는 것도 흥미롭지만 그 안에 아이가 좋아하는 작은 장난감을 함께 넣어 얼리면, 얼음을 녹이면서 장난감들을 구출해내는 상황이 설정되어 한층 더 즐겁게 놀 수 있답니다.

준비물

얼음 틀, 물, 식용색소, 공룡 피규어, 트레이

① 물에 식용색소를 풀고 얼음 틀의 반 정도만 채워 부어주세요.
② 식용색소를 넣은 얼음 틀에 공룡 피규어를 넣고 함께 얼려주세요.
③ 서너 시간 후 얼음 틀에서 꽁꽁 언 공룡 얼음을 꺼내주세요.
④ 공룡 얼음을 트레이에 담아 아이가 자유롭게 놀게 해주세요.

단아맘's Tip

- 욕조에 미지근한 물을 받아서 공룡 얼음을 넣고 녹여 꺼내는 놀이로 확장해도 좋아요. 따뜻한 물에 얼음이 녹는 과정을 지켜보며 자연스레 과학 놀이도 되지요.
- 얼음 틀에 얼리지 않고, 집에 있는 사각 플라스틱 통에 피규어를 담아 큼직하게 얼려도 돼요. 이때 플라스틱 통 바닥에 비닐을 깔면 얼음을 쉽게 빼낼 수 있어요.

저는 우선 공룡 피규어 얼음을 넓은 트레이에 담아 아이가 자유롭게 탐색할 수 있도록 충분한 시간을 주었어요. 그다음 투명한 플라스틱 용기에 미지근한 물을 담아 아이 옆에 두었습니다. 아이는 공룡 피규어 얼음을 물에 퐁당퐁당 넣으며 즐겁게 물놀이를 하면서 얼음을 녹여내 공룡들을 무사히 구출해냈답니다. 종이컵이나 국자 등 다양한 도구를 함께 건네주면 종이컵으로 물을 떠서 얼음 위에 붓거나 도구를 이용해 한쪽 트레이에서 다른 그릇으로 옮기는 등 확장 놀이가 가능해요.

79
집 안에서 즐기는 울긋불긋 단풍놀이
가을 낙엽 벽화

발달 영역
소근육 발달
미적 감수성 발달
인지 발달
정서 발달

추천 연령 돌 전후
준비 시간 10분
놀이 난이도 ★☆☆☆

놀이를 하면서 물이 사방으로 튈 수 있으니 놀이 매트 위에서 하거나 미리 바닥에 비닐이나 수건을 깔아두면 좋아요.

서로 다른 모양과 크기의 울긋불긋한 낙엽은 아이에게 계절의 변화를 알려주고, 호기심을 자극하는 훌륭한 자연 재료입니다. 완연한 가을날, 아이의 손을 잡고 산책을 나가 길가에서 예쁜 낙엽을 주워오기만 하면, 가을 낙엽 벽화 만들기 준비 완료! 바스락거리는 낙엽의 질감과 소리를 느끼며 아이의 오감도 자극하고, 집 안에 멋진 가을 나무 포토 존도 만들어보세요.

준비물

낙엽, 시트지, 색상지, 마커, 마스킹 테이프, 양면테이프

① 길가에 떨어진 고운 빛깔의 낙엽을 주워서 세척하고 잘 말려주세요.
② 한쪽 벽이나 창 등에 시트지를 붙여주세요.
③ 시트지 위에 색상지나 마커, 마스킹 테이프 등을 이용해 나무 기둥을 만들어주세요.
④ 나무 기둥 주변에 양면테이프를 붙여주세요.
⑤ 준비한 낙엽을 나무 기둥 옆에 붙여주세요.

단아맘's Tip

- 저는 접착 기능이 없는 투명 시트지를 사용했는데, 접착제가 발라진 시트지를 사용하면 별도로 양면테이프를 붙이지 않고도 낙엽을 자유롭게 붙일 수 있어 편리해요.

가을 낙엽 벽화를 만들기 전에, 먼저 아이와 함께 산책길에 주워온 울긋불긋한 가을 낙엽을 탐색하는 시간을 가져보았습니다. 아이가 낙엽을 자세히 관찰하도록 충분한 시간을 주세요. 낙엽을 그러모아서 아이의 머리 위로 흩뿌려주어도 좋습니다. 단아는 낙엽을 흩뿌려주자 낙엽이 살랑거리며 떨어지는 모습을 집중해서 관찰하더라고요. 가을 낙엽 벽화를 만들면서 계절의 변화와 자연이 선사하는 있는 그대로의 아름다움을 오롯이 체험하는 시간을 가져보세요. 아이의 감성과 탐구심이 부쩍 자라날 거예요.

80
가을밤을 밝혀줄 핸드메이드 조명
가을 랜턴

발달 영역
소근육 발달
인지 발달
정서 발달

추천 연령 돌 전후
준비 시간 10분
놀이 난이도 ★☆☆☆

아이가 LED초를 눈에 가까이 대지 않도록 잘 살펴봐주세요.

쌀쌀하지만 밝은 달이 휘영청 뜬 가을밤은 운치와 낭만이 가득합니다. 가을밤을 따스하게 밝혀줄 감성 가득한 가을 랜턴 만드는 방법을 알려드릴게요. 화재 위험이 없는 LED초를 유리병이나 플라스틱병에 넣고 불그스름한 단풍잎을 병 주위에 붙여주면, 은은한 빛이 새어나오는 랜턴이 완성됩니다. 침대 맡에 핸드메이드 조명을 켜놓고 아이와 함께 책을 읽거나 도란도란 이야기를 나누며 교감하는 시간을 가져도 좋아요.

준비물
유리병이나 투명 플라스틱병, LED초, 단풍잎 모형, 양면테이프나 풀, 실이나 끈

① 유리병이나 투명 플라스틱병을 깨끗이 씻어주세요.
② 용기 표면에 풀이나 양면테이프를 붙여주세요.
③ 접착제를 바른 용기 겉면에 단풍잎 모형을 붙여주세요.
④ LED초를 용기 안에 넣어주세요.
⑤ 랜턴 테두리를 예쁜 실이나 끈으로 묶어 장식해도 좋아요.

단아맘's Tip
- 실제 단풍잎을 이용해 가을 랜턴을 만들어도 괜찮아요. 단, 시간이 지나면 바스라질 수 있어요.

한낮의 환히 빛나는 햇볕 샤워도 좋지만, 어둑어둑한 밤을 밝혀주는 따스한 조명은 왠지 모를 아늑함과 포근함을 선사해줍니다. 여름이 지나고 가을이 되면 낮보다 밤이 더 길어지는데요, 이 무렵 아이와 함께 랜턴을 만들어 수면등으로 사용해도 좋습니다. 저는 완성한 가을 랜턴을 단아의 침대 맡에 두고 잠자리에 들기 전 조명을 켜둔 채로 함께 독서하는 시간을 가졌답니다. 직접 만든 조명의 빛 아래에서 포근한 이불을 덮고 두런두런 책을 읽는 시간을 통해 아이와 깊게 소통하고 유대감을 쌓는 시간을 가질 수 있어 행복했지요.

81
감자 속에 가을 낙엽이 숨어 있어요
감자 도장 나뭇잎 찍기

발달 영역
소근육 발달
시각 발달
색 인지 발달
창의력 발달

추천 연령 돌 전후
준비 시간 15분
놀이 난이도 ★★☆☆

조각칼은 아이의 손에 닿지 않는 곳에서 주의해 사용해주세요.

감자는 포슬포슬한 식감과 담백한 맛, 풍부한 영양 성분 덕분에 아이 반찬에 자주 사용되는 식재료입니다. 감자는 단단하지만 무언가를 새기기에는 적당히 뭉글뭉글해서 도장 만들기 재료로 제격이지요. 감자를 반으로 갈라 조각칼로 나뭇잎 모양을 새겨 물감 찍기 놀이를 해보세요. 주황, 노랑, 빨강 물감을 묻혀 찍으면 가을 낙엽이 달린 나무가, 초록, 연둣빛 물감을 묻혀 찍으면 여름 나무가 만들어집니다.

준비물

감자, 칼, 조각칼, 갈색 색상지, 가위, 도화지, 풀, 물감, 팔레트나 접시, 붓(선택)

① 감자를 깨끗이 씻은 후, 물기를 제거해주세요. 껍질은 벗기지 않아도 돼요.
② 감자를 반으로 자른 뒤, 조각칼을 이용해 나뭇잎 모양으로 파주세요.
③ 갈색 색상지를 가위로 오려 나무 기둥을 만들고, 흰 도화지에 풀로 붙여주세요.
④ 가을 느낌이 나는 색상의 물감을 팔레트나 접시에 짜주세요.
⑤ 감자 도장에 물감을 골고루 잘 묻혀서 흰 도화지에 찍어주세요.
⑥ 도장을 찍을 때는 감자를 2~3초 정도 꾹 누른 후 천천히 들어 올려주세요.

단아맘's Tip

- 감자 도장에 물감을 묻히기 전, 키친타월로 단면의 물기를 제거해주세요.
- 아이가 감자 도장을 손에 쥐기 어려워하면 겉면을 포크로 찍어 손잡이처럼 잡고 물감 찍기 활동을 할 수 있게 도와주세요.
- 다 사용한 감자 도장은 랩으로 잘 싸서 2~3일 정도 냉장 보관해 재사용해도 괜찮아요. 약간의 갈변은 생기지만, 놀이하는 데 큰 영향은 없어요.

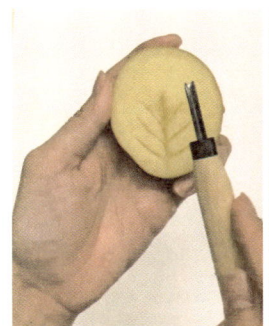   

감자 말고도 고구마나 당근처럼 단단하면서도 적당히 무른 감도 있는 야채라면 무엇이든 야채 도장 재료로 활용할 수 있답니다. 야채를 반으로 갈라 단면에 하트, 동그라미, 세모, 네모 등 다양한 패턴을 새겨서 여러 가지 색의 물감을 묻혀 찍기 놀이를 해보세요. 생일이나 기념일을 축하하는 카드를 장식할 때 야채 도장을 활용해 꾸미는 것도 좋은 아이디어랍니다.

82
가을에만 즐길 수 있는 시즌 한정 놀이
가을 낙엽 색칠 놀이

발달 영역
소근육 발달
색 인지 발달
창의력 발달
인지 발달

추천 연령 돌 전후
준비 시간 10분
놀이 난이도 ★★☆☆

물감이 옷에 묻을 수 있으니 아이에게 미술용 가운이나 헌 옷을 입혀주세요.

계절의 변화를 느낄 수 있는 자연물인 낙엽을 소재로 한 놀이는 매우 다양한데요. 가을 낙엽 색칠 놀이는 낙엽을 도화지에 붙인 뒤 가을 느낌이 나는 색으로 채색하고 붙인 낙엽을 떼어내는 창의적인 미술 놀이입니다. 정해진 색이나 패턴 없이 자유롭게 물감을 섞어가면서 칠하는 놀이이므로 어린 연령의 아이도 충분히 즐길 수 있어요. 엄마가 먼저 시범을 보여주되 아이가 주도적으로 칠할 수 있게 도와주세요. 스스로 생각하고 결정해서 그림을 그려나가는 동안 미술에 대한 흥미와 자신감, 창의력이 쑥쑥 자라날 거예요.

준비물

흰 도화지, 낙엽, 스카치테이프, 물감, 팔레트나 접시, 붓

① 흰 도화지에 낙엽을 스카치테이프로 꼼꼼히 붙여주세요.
② 가을 느낌이 나는 색상의 물감을 팔레트나 접시에 짜주세요.
③ 붓을 이용해 낙엽을 붙인 도화지 위를 자유롭게 채색하게 해주세요.
④ 채색 후 스카치테이프로 붙였던 낙엽을 조심스레 떼어주세요.

단아맘's Tip

- 가을 낙엽 색칠 놀이 전후로 아이와 함께 산책하며 가을 단풍을 탐색하는 시간을 가져보세요. 모양도 색도 제각각인 낙엽을 탐색하며 같은 모양이나 같은 색을 매칭하는 색 인지 놀이를 해도 좋아요.
- 확장 놀이로 낙엽 자체에 자유롭게 붓으로 채색하는 활동을 해도 좋아요. 아직 아이가 붓질을 어려워하면 낙엽에 물감을 묻힌 후 낙엽을 손에 쥐고 도화지 위에 찍게 해도 좋아해요.

가을 낙엽 색칠 놀이는 마음껏 색칠하는 재미도 있지만, 물감이 다 마른 후에 낙엽을 조심스레 떼어냈을 때 채색된 물감과 대비되어 하얗게 단풍 모양이 드러나는 모습을 보는 즐거움이 뒤따르지요. 이 같은 미술 놀이가 아이 발달에 좋은 이유는 채색 도구를 사용하는 과정에서 소근육이 발달하고, 다양한 색상을 마주하며 시각 발달, 색 인지 발달, 뇌신경 발달에도 도움을 주기 때문입니다. 가을 한정으로만 가능한 가을 낙엽 색칠 놀이로 계절감도 만끽하고 아이 주도의 멋진 예술 작품도 완성해보면 어떨까요?

83
알록달록 단풍으로 멋진 헤어스타일을 완성해요
가을맞이 헤어스타일링

발달 영역
소근육 발달
인지 발달
정서 발달

추천 연령 돌 전후
준비 시간 10분
놀이 난이도 ★☆☆☆

단풍은 기온이 낮아짐에 따라 나뭇잎 안의 엽록소가 파괴되어 잎이 붉은색이나 노란색으로 변하는 현상입니다. 초록으로 무성했던 잎사귀가 전혀 다른 색으로 바뀌어 살랑살랑 떨어지는 모습은 아이의 시선에서 매우 놀라운 자연의 변화이지요. 가을맞이 헤어스타일링 놀이는 울긋불긋한 낙엽의 색을 이용해 얼굴을 꾸며보는 놀이입니다. 낙엽 붙이기 놀이는 사자나 고슴도치, 공작새 등 동물의 갈기나 날개를 꾸미는 놀이로도 확장할 수 있어요.

준비물

아이 사진, 프린터, 가위, 흰 도화지, 풀, 낙엽, 양면테이프

① 아이 사진을 프린트해서 가위로 오린 다음, 흰 도화지 위에 풀로 붙여주세요.
② 아이 머리와 주변에 양면테이프를 군데군데 붙여주세요.
③ 아이가 ②에 낙엽을 붙이며 꾸밀 수 있게 해주세요.

단아맘's Tip

- 양면테이프를 붙여놓은 흰 도화지에 낙엽만 붙여도 되지만, 아이 사진이나 가족 사진을 넣어 꾸미면 아이의 놀이 참여도와 흥미도가 높아져요.

낙엽을 활용한 확장 놀이 - 사자 가면

상자를 아이 얼굴 크기보다 좀 더 크고 동그랗게 오려준 다음, 아이 얼굴 크기에 맞춰 안쪽을 파서 링 모양으로 만들어주세요. 링 테두리에 양면테이프를 붙인 뒤 낙엽으로 장식해 사자 갈기를 만들면 엄마표 사자 가면이 완성됩니다. 아이가 아직 어려서 직접 낙엽을 붙이기가 어렵다면, 낙엽을 보고 만지는 촉감 활동을 한 후 사자 가면을 쓰고 거울을 보는 활동을 추천해요.

84
아늑한 상자 집에서 맞이하는 메리 크리스마스
크리스마스 전구 하우스

발달 영역
소근육 발달
인지 발달
정서 발달

추천 연령 돌 전후
준비 시간 10분
놀이 난이도 ★☆☆☆

전구는 화재의 위험이 있으니 보호자의 감독하에 놀이를 진행하고, 전구는 10분 이상 켜두지 마세요.

크리스마스 시즌이면 거리에는 연말 분위기가 가득하지만, 겨울에는 아무래도 날씨가 춥다 보니 아이들은 실내 활동을 많이 하게 되어 그 분위기를 만끽하기가 어렵습니다. 그럴 때 재활용 상자와 트리용 전구를 활용해 세상에 하나뿐인 우리 아이의 크리스마스 아지트를 만들어주세요. 크리스마스 캐럴까지 틀어주면 더할 나위 없이 기대되는 즐거운 크리스마스를 맞이할 수 있답니다.

준비물

상자, 칼이나 송곳 등 뾰족한 도구, 트리용 전구

① 아이가 들어가 있을 만한 크기의 상자를 구해 지붕이 될 위쪽에 칼이나 송곳 등 뾰족한 도구로 구멍을 여러 개 내주세요.
② 구멍을 낸 곳에 트리용 전구를 꽂고 불을 밝혀주세요.

단아맘's Tip

- 상자 안쪽에 담요를 깔고 인형을 함께 넣어주면 더욱 아늑한 느낌이 연출돼요.

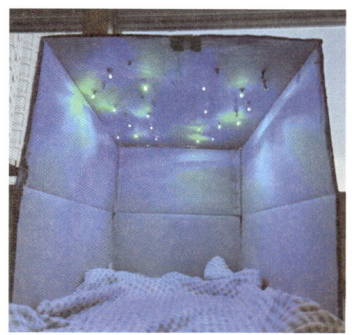 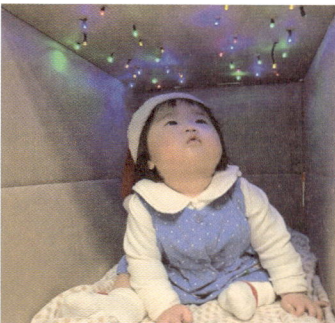 

크리스마스 시즌 확장 놀이 - 포토 트리

아이의 성장 기록을 모아서 크리스마스 포토 트리를 만들어보세요.

① 벽에 트리 모양을 미리 설계해보세요.
② 사진 40장을 준비해주세요. 사진 개수는 트리 모양에 따라 가감하시면 돼요.
③ 사진 4장으로 나무 기둥 받침을 만들어주세요.
④ 트리 맨 아래 부분부터 8장, 7장, 6장, 5장, 4장, 3장, 2장, 마지막 꼭대기는 한 장의 순서로 인화된 사진을 붙여서 차곡차곡 붙여주세요.
⑤ 반짝이는 트리 느낌이 나도록 전구를 더해주세요.

85
손바닥에 숨은 루돌프를 찾아라
손도장 루돌프

발달 영역
소근육 발달
창의력 발달
미적 감수성 발달
정서 발달

추천 연령 돌 전후
준비 시간 10분
놀이 난이도 ★★☆☆

물감이 옷에 묻을 수 있으니 아이에게 미술용 가운이나 헌 옷을 입혀주세요. 또한, 아이가 물감 묻은 손을 입에 넣지 않도록 잘 살펴봐주세요.

손바닥에 물감을 묻혀 도화지에 찍는 손도장 놀이는 유아 미술 놀이에서 빼놓을 수 없는 활동입니다. 손의 힘이 약한 어린 아이들도 손가락이나 손바닥에 물감을 묻혀 자유롭게 표현하며 창의력과 상상력을 키워나갈 수 있지요. 매해 일정한 간격으로 아이의 손도장을 찍어 모아두면 그것 자체로 훌륭한 아이의 성장 일지가 된답니다.

준비물

갈색 물감, 팔레트, 붓, 캔버스, 매직, 폼폼이, 양면테이프

① 팔레트에 갈색 물감을 짠 뒤, 붓에 묻혀서 아이 손에 고루 발라주세요. 아이 손에 바로 물감을 짜서 발라줘도 괜찮아요.
② 아이가 캔버스에 손도장을 찍게 도와주세요.
③ 손도장이 마르면, 매직으로 선이나 날짜, 아이 이름 등을 써주세요.
④ 양면테이프를 사용해 루돌프 얼굴과 주위에 폼폼이를 붙여 장식해주세요.

단아맘's Tip

- 놀이를 하기 전, 아이가 재료들을 자연스레 탐색할 수 있도록 해주세요. 붓, 폼폼이, 팔레트, 물감(뚜껑이 잘 닫혔는지 확인) 등 미술 도구들을 하나하나 만져보고 사용하는 방법에 대해서도 미리 배우면 좋아요.

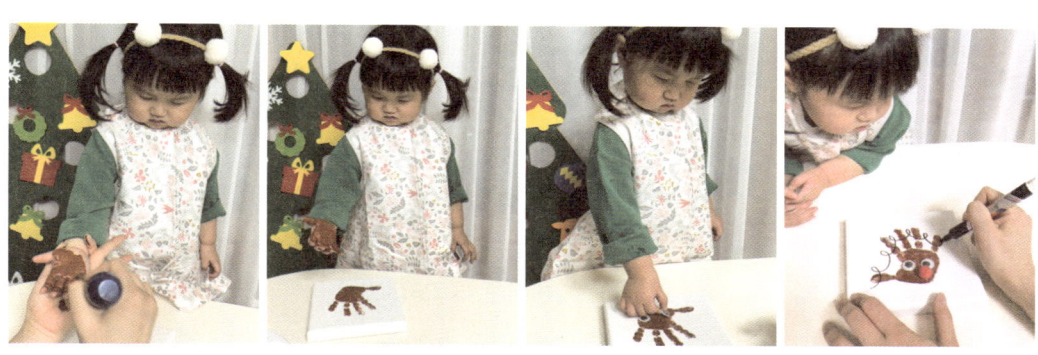

확장 놀이 – 발도장 루돌프

발도장 페인팅은 영유아부터 어린이까지 연령에 관계없이 할 수 있는 멋진 예술 활동이에요. 준비물과 과정은 손도장 루돌프와 동일합니다.

86
밖에 나가지 않고도 눈을 만날 수 있어요
베이킹소다 눈 놀이

발달 영역
시각·촉각 발달
소근육 발달
인지 발달
정서 발달

추천 연령 돌 전후
준비 시간 10분
　　　　+ 얼음 얼리는 시간
놀이 난이도 ★☆☆☆

베이킹소다가 아이의 입이나 눈에 들어가지 않도록 보호자가 옆에서 잘 관찰해주세요.

하얀 눈이 소복한 풍경은 겨울 하면 가장 먼저 떠오르는 장면입니다. 눈 덮인 길가에서 눈사람도 만들고 눈싸움도 하며 신나게 놀던 추억을 떠올리며, 아이와 함께 집에서 실내 눈 놀이를 해보면 어떨까요? 쿠키를 구울 때나 세척을 할 때 쓰는 베이킹소다에 헤어 컨디셔너(린스)를 섞어주기만 하면 꾸덕꾸덕 잘 뭉쳐지면서 향기도 나는 인공 눈을 만들 수 있어요.

준비물
베이킹소다, 헤어 컨디셔너(흰색), 종이컵(계량용), 볼, 트레이, 솔방울이나 장난감 등

① 베이킹소다 1컵과 헤어 컨디셔너 2/3컵을 볼에 넣어 섞어주세요. 보다 촉촉한 질감을 원한다면 헤어 컨디셔너를 조금 더 넣어주세요.
② 베이킹소다 눈을 트레이에 담고, 솔방울이나 피규어 등 장난감도 함께 넣어주세요.

단아맘's Tip
- 베이킹소다 눈은 지퍼백에 담아 서늘한 곳이나 냉장고에 두면 3~5일 정도까지 보관이 가능해요.

   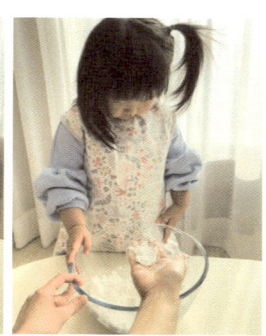

부드러운 베이킹소다 눈을 뭉치고 놀면서 아이와 촉감에 대해 이야기를 나눠보세요. 만일 아이가 인공 눈을 만지기를 거부하거나 낯설어하면 엄마 손 위에 눈을 덜어서 뭉치고 굴리는 모습을 보여주는 등 아이가 인공 눈을 탐색할 시간을 충분히 주세요. 인공 눈 만드는 과정에 아이를 적극적으로 참여시켜도 좋습니다. 단아는 베이킹소다를 볼에 붓거나 헤어 컨디셔너를 짜는 등의 일을 직접 해봤는데요, 헤어 컨디셔너가 든 통을 손으로 누를 때마다 묽은 액체가 쭉 나오는 모습을 무척 신기해했습니다. 재료 준비도 간단하고 만드는 과정도 무척 쉬우니 추운 겨울날, 외출하지 못하는 아쉬움을 베이킹소다 눈을 만들며 달래보면 어떨까요?

87
공놀이도 하고 트리도 만들고
볼풀공 트리

발달 영역
소근육 발달
신체 발달
인지 발달
정서 발달

추천 연령 돌 전후
준비 시간 10분
놀이 난이도 ★☆☆

상자를 칼로 오릴 때 손이 베이지 않도록 주의해주시고, 커팅 매트 같은 받침대를 깔아서 테이블 등이 훼손되지 않게 해주세요.

크리스마스 분위기를 연출하는 데는 크리스마스트리만 한 오브제가 없지요. 크리스마스트리로도 활용 가능하면서도, 아이가 가지고 놀 수도 있는 원 소스 멀티 유즈 볼풀공 트리 만드는 법을 알려드릴게요. 재활용 상자와 펠트지를 준비해 트리 모양으로 자르고, 군데군데 볼풀공 크기만 한 구멍만 뚫어주면 끝! 아이와 함께 볼풀공 골인 놀이도 즐기면서 즐거운 마음으로 크리스마스를 기다려보면 어떨까요?

준비물
상자, 칼, 펠트지(초록색), 가위, 양면테이프, 볼풀공, 바구니

① 상자 위에 구멍이 뚫린 트리 모양으로 밑그림을 그리고, 선을 따라 칼로 오려주세요.
② 펠트지 위에 ①을 덧대고 가위를 사용해 동일한 모양과 크기로 오려주세요.
③ ①과 ②를 모양이 겹치도록 포개고 양면테이프로 붙여주세요.
④ 구멍 낸 펠트 트리를 바구니 위에 세워줘서, 아이가 볼풀공을 구멍 안으로 넣게 도와주세요.

단아맘's Tip
- 볼풀공 트리에 펠트 오너먼트 장식을 더하면, 별도의 크리스마스트리를 만들지 않아도 엄마표 DIY 크리스마스트리가 완성돼요.

아이가 색 분류가 가능한 연령이라면 동일한 색의 공 찾아 넣기나 공을 바구니에 넣고 옮기기 등 다양한 방식으로 확장 놀이를 해도 좋아요. 단아는 볼풀공 트리를 세워주자 알록달록한 공을 손에 쥐고 구멍에 골인시키기 위해 여러 차례 노력하더라고요. 공이 구멍에 쏙 들어갈 때마다 "꺄호" 소리를 내며 즐거워하기도 하고, 멀리 굴러가버린 공은 다시 주우러 가기도 하는 등 역동적으로 몸을 움직이며 놀이하는 모습을 볼 수 있었습니다. 이 과정을 반복하면서 아이는 집중력과 손과 눈의 협응력을 기를 뿐만 아니라, 원인(공을 넣는다)과 결과(바구니 안에 공이 들어간다)를 잇는 논리적 사고를 하는 방법을 배우기도 하지요.

88
붓질이 더해질 때마다 라인이 선명히 드러나요
크리스마스 드로잉

발달 영역
소근육 발달
미적 감수성 발달
색 인지 발달
정서 발달

추천 연령 돌 전후
준비 시간 15분
놀이 난이도 ★★☆☆

물감이 주변에 튀어 지저분해질 수 있으니 놀이 전 미리 바닥에 신문지를 깔아두거나 놀이 매트 위에서 하는 것을 추천해요. 아이에게 미술용 가운이나 물감이 묻어도 되는 헌 옷을 입혀도 좋아요.

글루건은 놀잇감이나 교구를 만들 때, 재료들을 접착시키는 용도로 많이 쓰이는 도구인데요, 크리스마스 드로잉은 보조 재료인 글루건을 주재료로 활용한 놀이입니다. 글루건으로 밑그림을 그려주면 붓 사용이 서툰 아이들도 몇 번의 붓질만으로도 멋진 작품을 완성할 수 있지요.

준비물
8절 도화지, 가위, 글루건, 물감, 팔레트, 유아용 점보 붓

① 8절 도화지를 4등분해서 가위로 오려주세요.
② ①의 도화지 위에 글루건으로 트리, 별, 눈송이 등을 자유롭게 그려주세요.
③ 글루건으로 밑그림을 그린 부분이 굳을 때까지 1~2분 정도 기다려주세요.
④ 글루건의 열감이 식으면, 팔레트에 원하는 색상의 물감을 짜서 아이가 붓으로 자유롭게 채색하게 도와주세요.

단아맘's Tip
- 글루건으로 그림을 그린 도화지 위에 채색할 땐 붓에 물을 많이 묻혀 칠해주면 더 예쁘게 표현돼요.

붓질이 서투른 아이를 위해 저는 유아용 점보 붓을 쥐어주었어요. 유아용 점보 붓은 재질이 탄탄하고 탄력이 있는 데다 발림성도 좋고 손잡이 부분이 둥글어서 아이가 손에 쥐고 붓질을 하기에 편리합니다. 그림 그리기는 정적인 활동 같지만, 미세한 손가락 근육은 물론이고 어깨와 팔 근육도 자연스럽게 사용하게 되는 역동적인 놀이예요. 또한 아이가 붓을 쥐고 마음껏 색으로 표현해내는 과정을 통해 표현력과 자주성이 길러지지요. 완성된 결과물보다 아이가 물감을 묻혀 열심히 색칠해가는 과정을 구체적으로 칭찬해주세요.

89
두꺼운 털실을 엮어 트리를 장식해요
털실 크리스마스트리 오너먼트 만들기

발달 영역
소근육 발달
집중력 발달
인지 발달
정서 발달

추천 연령 돌 전후
준비 시간 10분
놀이 난이도 ★★★☆

글루건을 쏜 직후엔 매우 뜨거우니 열감을 조금 식힌 후에 폼폼이를 붙이도록 해주세요.

작은 구멍에 실을 꿰어 넣는 활동은 집중력과 소근육, 눈과 손의 협응력을 길러주는 유익한 놀이입니다. 아이의 몸과 마음을 성장시켜주는 활동을 크리스마스 시즌과 접목하여 털실 크리스마스트리 오너먼트 만들기라는 계절 놀이로 창안해보았어요. 아이가 보드라운 털실의 촉감을 느끼면서 종이 접시의 구멍 사이로 실을 넣었다 빼냈다 하며 크리스마스트리를 장식할 미니 크리스마스트리 오너먼트를 만들 수 있게 도와주세요.

준비물

일회용 종이 접시, 가위, 펀치, 털실, 폼폼이, 글루건, 스카치테이프

① 일회용 종이 접시 가운데에 세모 모양으로 밑그림을 그리고, 선을 따라 가위로 오려주세요.
② 세모 모양으로 오려낸 주변에 펀치로 구멍을 뚫어주세요.
③ ②의 구멍에 털실을 자유롭게 꿸 수 있게 해주세요.
④ 실을 두툼하게 다 꿴 뒤에는 글루건으로 폼폼이를 붙여 장식해도 좋아요.

단아맘's Tip

- 실 끝부분을 스카치테이프로 한 번 감아주면 실을 구멍에 넣을 때 한결 수월해요.

단아에게 구멍이 뚫린 일회용 종이 접시와 털실을 건네주고 시범을 보여주니, 이윽고 숨을 죽이고 구멍 하나하나에 실을 차근차근 넣었다 빼냈다 하면서 미니 크리스마스트리 오너먼트를 만들어냈답니다. 조금 어려워하지 않을까 생각했는데, 집중해서 완성해내는 모습이 너무 기특했지요. 아이 역시 스스로 구멍에 실을 넣고 빼는 과정을 반복하면서 완성된 모양을 보며 성취감을 느끼는 모습이었습니다. 아이와 함께 완성된 털실 크리스마스트리 오너먼트를 보며 크리스마스에 대해서도 자연스레 대화를 이어나가보세요.

육아 퇴근 후
쉼 한 조각

여행,
세상에서 가장 크고 넓은 배움터

단아를 만난 이후로 저에겐 한 가지 큰 변화가 생겼습니다.
그건 바로, 인생의 어떤 특별한 이벤트를 기대하기보다
매일의 평범한 삶을 더 소중히 여기게 된 것이에요.

예전에는 비행기를 타고 어디론가 멀리 떠나는 것만이
'여행'이고 '힐링'이라고 생각했습니다.
그런데 육아를 하면서 작은 생명이 나날이 성장하는 걸 보노라니
이 아이와 함께 하는 매일이 늘 여행의 첫날처럼 설레더라고요.
아이 덕분에 저는 일상을 보다 더 자세히 관찰하고
늘 새로운 시선으로 즐기려 하는 '생활 여행자'가 되었습니다.

다들 그러실 테지만,
열 달 동안 배 속에 품고 있던 아기를
처음으로 제 품에 안아보던 날의 감각이
저는 아직도 머릿속에 선명하답니다.

호호 불면 날아갈 것처럼 작고 연약했던 아이는
하루가 지나고, 한 달이 지나고, 1년이 지남에 따라
놀랍게 성장하는 모습을 보여주었지요.

나를 알아보기는 하는 건가 싶던 아이가
눈을 마주치고 방긋방긋 웃어주던 날,
손이 야물지 않아 작은 과자도 떨어뜨리던 아이가
손을 쭉 뻗어 갖고 놀고 싶은 장난감을 집어 들던 날,
불그레한 잇몸만 있던 입안에
작고 하얀 아랫니가 봉곳이 올라온 걸 발견한 날…

단아와 보냈던 지난 시간들을 떠올려보면
제가 한 존재가 성장하는 시간을 함께하며
그 길을 더불어 여행하는 중이구나 싶어요.

흔히 여행은 '세상에서 가장 큰 배움터'라고 하지요.
저는 단아를 키우면서 그동안 제가 했던 그 어떤 여행보다
가장 가슴 벅차고, 놀랍고, 경이로운 여행을 하고 있어요.
'사랑', '감사'라는 단어의 진짜 의미를 깨우치고 있고요.

앞으로 아이는 저에게 어떤 새로운 세상을 보여줄까요?
오늘 밤 잠자리에 들기 전 아이에게
이 말을 꼭 해주고 싶습니다.

'단아야, 엄마는 평범한 일상도 네가 있어서 늘 행복해.
우리 앞으로도 이 즐거운 여행길의 의지가 되는 친구가 되자.'

단아와의 첫 장거리 여행은 제주도 여행이었어요.
첫 여행이라고는 했지만,
어떤 만반의 준비를 하고 떠났다기보다
쉼이 너무 간절해서 계획 없이 훌쩍 떠난 여행이었지요.
코로나로 인해 거의 집에서만 생활하던 아이 역시
저만큼이나 새로운 공간과 환경을 즐겁게 탐색했지요.

예전엔 여행이 마음만 먹으면 언제든 가능한
너무 당연했던 일상이었는데
이제는 코로나로 인해 정말 쉽지 않은 일이 되었습니다.

여행을 마음껏 다닐 수 있을 때는 그 소중함을 몰랐는데,
쉽게 누릴 수 없는 일이 되고 나니
여행의 소중함과 귀함을 새삼스레 느끼게 되더라고요.

여행이 좋은 이유 중 하나가
하던 일을 잠시 멈추고, 쉴 수 있기 때문이에요.

자동차도 빠른 속도로 움직일 때는
창밖의 풍경이 오롯이 잘 보이지 않잖아요.
속도를 쫓다 보면 늘 놓치는 게 있기 마련인데
여행은 바쁜 일상에서 우리가 놓치고 있던 것을
다시 되돌아보고 챙길 여유를 선사합니다.

그리고 무엇보다 생각지 못한 낯선 곳에서
새로운 경험을 함으로써 생각이 확 트이는 것이

저는 참 좋더라고요.

어른도 이러할진대 어른보다 몇 배로 감각이 예민한
우리 아이들에게 여행은 얼마나 귀중한 경험일까요?

보고, 듣고, 맛보고, 경험하는 모든 것들을
스펀지처럼 흡수하는 우리 아이들에게
새로운 경험의 기회를 많이 선사해주세요.
그래서 여행의 즐거움과 모험의 설렘이
어떠한 감각인지 온몸으로 느낄 수 있게 해주세요.

꼭 멀리 가지 않아도 괜찮습니다.
사랑하는 엄마 아빠와의 나들이라면
집 앞 공원 산책도 아이에게는
더할 나위 없이 즐거운 여행일 테니까요.

무한한 상상력을 키워줘요,
창의력 발달 놀이

PART 5

90
말랑한 면발로 만들어진 부드러운 해저 세계
파스타 바다 탐험

발달 영역
시각·촉각 발달
소근육 발달
인지 발달
정서 발달

추천 연령 돌 전후
준비 시간 30분
놀이 난이도 ★☆☆

파스타는 면의 모양과 종류가 다양하고, 푹 삶고 나면 질감도 부드러워서 아이가 가지고 놀기에 참 좋은 재료입니다. 먹어도 되는 식재료이니 아이가 입에 넣어도 안심이고요. 앞에서 짧은 펜네 파스타를 이용해 액세서리 만들기를 해봤는데, 이번에는 길이가 긴 스파게티 파스타로 파란 바다를 표현해보았답니다. 길쭉한 스파게티 파스타는 넘실거리는 파도를 표현하기에 안성맞춤이지요.

준비물
스파게티 파스타, 물, 냄비, 채반, 식용색소, 바다 동물 피규어, 트레이

① 냄비에 물을 넣고 스파게티 파스타를 12~15분 정도 삶아주세요. 이때 파란색 식용색소를 대여섯 방울 정도 넣어서 파스타를 염색해주세요. 끓는 과정 중에 파스타 면을 좀 더 진하게 염색하고 싶으면 식용색소를 두세 방울 더 넣어주세요.
② 파스타가 다 삶아지면, 채반에 쏟아 찬물로 헹구고 서늘한 곳에 두어 10분 정도 물기를 말려주세요.
③ 물기가 마른 파란색 파스타를 트레이에 담고, 그 위에 바다 동물 피규어도 올려 꾸며주세요.

단아맘's Tip
- 지퍼백에 삶은 파스타를 넣고 식용색소 몇 방울을 추가한 뒤 색소가 잘 섞이도록 흔들어주셔도 돼요.

파스타 바다 탐험 확장 놀이 – 물속에서 즐기는 파스타 바다
① 냄비에 적당량의 물을 붓고 파스타 면을 삶아주세요.
② 면을 삶으면서 파란색 식용색소를 몇 방울 넣어주세요.
③ 삶은 파스타를 채반에 쏟아 찬물로 헹궈주세요.
④ 욕조에 물을 잔잔하게 받은 후 식용색소 넣어주세요. (바다 느낌이 나도록 오션블루 색상 사용했어요.)
⑤ 준비한 파란색 파스타 면과 피규어를 넣어주세요.

91
공룡 섬의 드라이아이스 화산이 폭발했어요
드라이아이스 화산

발달 영역
소근육 발달
인지 발달
정서 발달

추천 연령 돌 전후
준비 시간 15분
놀이 난이도 ★☆☆☆

드라이아이스를 아이가 절대 만지지 않도록 옆에서 잘 살펴봐주세요. 또한 드라이아이스 놀이 후엔 꼭 환기를 시켜주세요.

드라이아이스는 얼핏 구하기 어려운 재료 같지만, 신선 식품이 들어 있는 택배 상자에 늘 함께 들어 있는 제품입니다. 드라이아이스는 물을 만나면 하얀 김이 피어오르는데 그 모습이 신비로운 분위기를 연출하지요. 아이를 키우는 집이라면 대부분 갖고 있는 공룡 피규어를 드라이아이스와 함께 넣어서 드라이아이스 화산을 만들어보세요. "화산이 폭발해서 공룡들이 멸종하겠어!"라며 아이와 상상력 가득한 이야기도 나눠보면 더 좋아요.

준비물
드라이아이스, 트레이, 공룡 피규어, 집게나 장갑, 물

① 트레이에 공룡 피규어를 배치해주세요.
② 장갑을 낀 손이나 집게로 드라이아이스를 집어 트레이 곳곳에 놓아주세요.
③ 드라이아이스가 놓인 곳에 물을 부어주세요.

단아맘's Tip
- 드라이아이스가 피부에 직접 닿으면 동상에 걸릴 수 있으니 주의해주세요.
- 따뜻한 물을 이용해야 드라이아이스 연기가 더욱 많이 생겨요.

드라이아이스 화산을 꾸밀 때 공룡 피규어만 넣어도 되지만, 저는 나무 모형과 돌 등도 트레이에 넣어서 더 생동감 있게 꾸며보았답니다. 드라이아이스와 물이 만나면 화학작용으로 이산화탄소가 만들어져요. 드라이아이스에서 피어오르는 연기는 우리가 호흡할 때 나오는 것과 같은 이산화탄소입니다. 따라서 연기를 만지는 것은 해가 되지 않지만, 놀이 후에는 가급적 창문을 열어 환기를 해주는 편이 좋아요.

92
어디서 불어온 바람일까?
하늘을 나는 풍선 꽃

발달 영역
소근육 발달
인지 발달
정서 발달
창의력 발달

추천 연령 돌 전후
준비 시간 10분
놀이 난이도 ★☆☆☆

풍선과 풍선을 이어 붙일 때 풍선이 갑자기 터지면 아이가 놀랄 수 있어요.

집에 풍선을 구비해두면 아이가 심심해할 때 기분을 전환시켜주기에 딱이에요. 하늘을 나는 풍선 꽃은 풍선을 여러 개 불어서 테이프로 이어 붙인 뒤 드라이기 바람을 쐬어 날려주는 아주 간단한 놀이랍니다. 바람에 빙글빙글 돌아가는 풍선 꽃을 잡기 위해 몸을 움직이고 즐거워서 까르르 웃다 보면 신체 활동과 스트레스 해소가 동시에 이뤄지지요. 풍선을 불 수 있는 연령이라면 아이와 함께 만들어봐도 좋아요.

준비물

풍선, 드라이어, 양면테이프

① 풍선들을 비슷한 크기로 불어주세요
② 풍선들을 양면테이프로 이어 붙여서 동그랗게 만들어주세요.
③ 풍선 아래쪽에 드라이어 바람을 쏴주세요.

단아맘's Tip

- 탁상용 미니 선풍기를 활용해도 괜찮아요. 이때는 선풍기 크기에 맞춰 작은 물풍선을 사용해주세요.

풍선을 활용한 확장 놀이 – 매직 풍선

준비물 풍선, 선풍기, 색상지, 스카치테이프

① 선풍기 주변에 색상지를 원통 모양으로 말아 스카치테이프로 고정해주세요.
② 풍선을 ①의 원통보다 작게 불어주세요.
③ 선풍기의 전원을 켜고 풍선을 원통 위에 올려주세요.

93
어디서 어떻게 만들어진 꽃일까?
얼음 꽃 오감 놀이

발달 영역
시각·촉각 발달
소근육 발달
인지 발달
정서 발달

추천 연령 돌 전후
준비 시간 15분
 + 얼음 얼리는 시간
놀이 난이도 ★☆☆☆

얼음 놀이를 하다 보면 손이 차가워지면서 체온이 내려갈 수 있으니 장시간 하지 않도록 유의해주세요. 또 아이가 얼음을 삼키지 않게 잘 살펴봐주세요.

겨울철 남쪽에서는 동백꽃이 한창인데요, 눈얼음이 소복하게 쌓인 동백꽃의 모습은 정말 아름답지요. 집에서도 그와 같은 얼음 꽃을 만들 수 있답니다. 머핀을 굽는 오목한 팬에 생화 꽃잎을 수북하게 따서 넣고 물을 붓고 얼리면 얼음 꽃이 완성! 꽃의 아름다운 색감과 부드러운 질감, 얼음의 차가운 느낌이 아이의 오감을 자극할 뿐만 아니라 얼음이 물로 변하는 과학적 원리를 놀이를 통해 자연스레 이해할 수 있어요.

준비물

꽃, 머핀팬, 물, 식용색소(선택), 트레이

① 생화 꽃잎을 머핀팬에 소담하게 넣어주세요.
② ①의 머핀팬에 물을 붓고 냉동실에 넣어 얼려주세요. 식용색소를 넣어 얼리면 시각적으로 더 예뻐요.
③ 얼음 꽃을 머핀팬에서 꺼내어 트레이에 올려놓아주세요.
④ 트레이 안에 꽃잎과 물을 넣어주고, 식용색소도 살짝 첨가해주세요.

단아맘's Tip

- 머핀팬에 꽃을 넣고 물을 부으면 꽃이 수면 위로 둥둥 떠오르지만, 냉동실에서 물과 함께 자연스레 얼기 때문에 괜찮아요.
- 옷이 젖을 수 있으니 아이에게 미술용 가운이나 앞치마 등을 입혀주고, 미리 마른 수건 등도 준비해주세요.

단아는 처음엔 얼음 속에 갇힌 꽃을 눈으로 살펴보다가 얼음을 손가락으로 만져보고 차가운 느낌에 사뭇 놀라는 모습이었답니다. 하지만 차가운 얼음의 느낌에 익숙해지자 얼음이 조금씩 녹으면서 꽃이 점점 도드라지는 모습에 매우 흥미로워했지요. 트레이 주변에 숟가락이나 국자나 냄비, 스포이드, 따뜻한 물이 담긴 그릇 등을 놓아줘서 아이가 자유롭게 얼음을 녹이며 놀이를 즐길 수 있도록 꾸며주셔도 좋습니다.

94
옥조 속에서 만나는 아름다운 우주
물놀이 우주 비행

발달 영역
소근육 발달
시각 발달
인지 발달
정서 발달

추천 연령 돌 전후
준비 시간 15분
놀이 난이도 ★☆☆☆

야광 스틱 안에는 화학물질이 있으므로 아이가 입에 넣지 않도록 잘 살펴봐주세요.

야광 스틱은 콘서트장이나 야간 행사장에서 흔히 쓰이는, 형광색으로 밝게 빛나며 기분을 돋워주는 제품인데요, 이 야광 스틱을 다 쓰고 남은 페트병에 넣으면 물놀이를 하는 아가를 위한 멋진 엄마표 놀잇감으로 재탄생한답니다. 야광 스틱은 구부려줘야 발광하는데 의도적으로 절단하지 않는 이상 야광 액체가 흘러나오지 않기 때문에 물속에서도 안전하게 사용할 수 있어요.

준비물
야광 스틱, 페트병, 야광 스티커

① 다 쓴 페트병을 깨끗이 씻어주세요.
② 페트병 안에 시중에 판매하는 야광 스틱을 구부려서 넣어주세요.
③ 욕조에 따뜻한 물을 받은 뒤, 야광 물병을 둥둥 띄워주세요.
④ 욕실 벽면에 달이나 별 모양의 야광 스티커를 붙여주세요.

단아맘's Tip
- 야광 스틱을 단독으로 가지고 놀아도 좋지만, 구강기의 아이라면 안전을 위해 페트병 안에 야광 스틱을 넣어 놀이하는 것을 추천해요.

 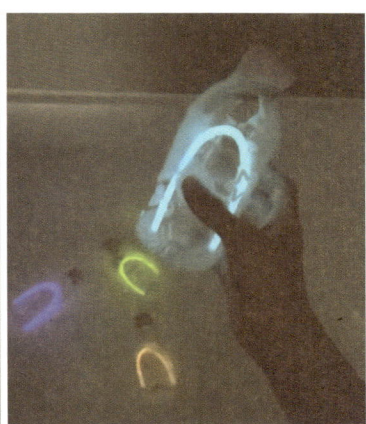

야광 스틱이 내는 형광 불빛은 마치 저 멀리 우주에서 빛나는 별들이 내뿜는 빛과 같아요. 욕조에 따뜻한 물만 받아서 물놀이를 해도 되지만, 거품 목욕제를 넣어주면 따끈하고 부드러운 거품 사이에서 야광 빛이 뿜어져 나오면서 환상적인 분위기를 연출한답니다. 단아는 욕조에 둥둥 떠 있는 물병을 밀어보기도 하고 손에 쥐고 흔들면서 즐거운 물놀이 우주 비행을 즐겼습니다. 외출하기 힘든 미세 먼지 많은 날, 거품 목욕을 하며 스트레스를 풀면서 가지고 놀기에 너무 좋은 놀잇감이에요.

95
펭귄들아, 우리 같이 스케이트 타자
펭귄이 사는 얼음 나라

발달 영역
소근육 발달
사회성 발달
인지 발달
정서 발달

추천 연령 돌 전후
준비 시간 15분
    + 얼음 얼리는 시간
놀이 난이도 ★☆☆☆

식용색소 얼음물이 사방에 튈 수 있으니 아이에게 미술용 가운이나 헌 옷을 입혀주고, 트레이 아래에는 비닐 등을 깔아주세요.

자연 다큐멘터리를 보면 남극의 펭귄들이 뒤뚱뒤뚱 얼음 위를 걷다가 발랑 넘어지는 모습을 보곤 하는데요, 엄마표 아이스 스케이팅장을 만들어서 펭귄들에게 스케이트를 태워주며 역할 놀이를 해보면 어떨까요? 펭귄 인형을 손으로 이리저리 움직이다 보면 손과 눈의 협응력과 소근육이 발달할 뿐만 아니라 펭귄 인형을 잡고 얼음을 만지면서 두 팔과 두 손을 역동적으로 사용하게 되는 등 신체 놀이가 제법 되는 즐거운 놀이랍니다.

준비물
펭귄 도안, 프린터, 코팅기나 손 코팅지(선택), 가위, 나무 막대, 스카치테이프, 머핀팬, 클레이, 물, 식용색소, 트레이

① 펭귄 도안을 프린터로 인쇄해주세요. 인쇄한 도안은 코팅기로 코팅해줘도 좋아요.
② 코팅된 펭귄 도안을 테두리 선에 맞춰 가위로 오려주세요.
③ 나무 막대에 ②의 도안을 스카치테이프로 붙여주세요
④ 머핀팬에 ③을 꽂아주세요. 이때 클레이를 이용해 아래 부분을 고정해주세요.
⑤ 머핀팬에 물을 붓고 파란색 식용색소 서너 방울을 넣은 후 냉동실에 넣어 얼려주세요.
⑥ 얼음이 단단하게 얼면, 머핀팬에서 펭귄들을 꺼내 트레이에 올려놓아주세요.

단아맘's Tip
- 펭귄들이 놓인 트레이에 파란색 식용색소를 섞은 물을 살짝 부어주시면 더욱 실감이 나요.

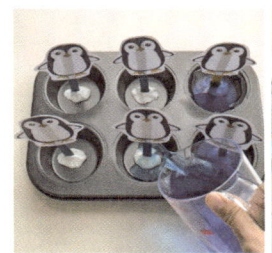   

펭귄 얼음 막대 인형을 만드는 과정이 다소 번거롭다면, 머핀팬에 물을 붓고 작은 펭귄 피규어를 넣어 얼리셔도 괜찮습니다. 단, 얼리기 전에 물은 반 정도만 채워서 피규어의 위쪽은 아이가 손잡이처럼 잡고 놀 수 있게 해주세요. 얼음 위의 펭귄을 움직여가며 펭귄들을 스케이트 태워주며 얼음이 녹을 때 미끌대는 감각도 경험해보고 역할 놀이를 통해 사회성도 기르는 시간을 가져보세요.

96
붕붕 노란 풍선 벌들이 우리 집에 놀러왔어요
풍선 벌 집콕 놀이

발달 영역
소근육 발달
창의력 발달
인지 발달
정서 발달

추천 연령 돌 전후
준비 시간 15분
놀이 난이도 ★☆☆☆

풍선이 터지면 아이가 놀랄 수 있으니 풍선을 너무 크게 불지 마세요.

꿀벌은 실제로 보면 침에 쏘일 수도 있어서 조금 무섭지만, 그림책이나 애니메이션 등에서는 너무도 귀엽고 사랑스럽게 의인화되는 곤충 중 하나입니다. 노란 풍선을 여러 개 불어서 검은 테이프와 흰 종이로 벌의 디테일을 완성해준 다음, 천장에 걸어주기만 하면 끝! 몸을 가누지 못하는 신생아를 키운다면 모빌처럼 만들어 매달아둬도 좋아요.

준비물

노랑 풍선, 검은색 테이프, 네임펜, A4 종이, 스카치테이프, 가위, 낚싯줄

① 풍선을 적당한 크기로 불어주세요
② 풍선 중간에 검은색 테이프로 두 개의 띠를 둘러주세요.
③ 풍선 앞쪽에 네임펜으로 벌의 눈과 입을 그려주세요.
④ 종이를 날개 모양으로 오려서 풍선 양 옆에 스카치테이프로 붙여주세요
⑤ 낚싯줄을 이용해 풍선 벌을 천장에 스카치테이프로 붙여 매달아주세요.

단아맘's Tip

- 아이 눈높이에 맞춰 풍선 벌을 매달아두면 아이가 풍선 벌을 손으로 잡거나 치면서 신나게 놀 수 있어요.
- 아이가 풍선이 천장에 달린 모습을 낯설어한다면, 미리 풍선 벌 한 마리와 친숙해지도록 시간을 준 다음, 풍선 벌을 여러 마리 매달아둔 방으로 안내해주세요.

풍선은 가볍고 변형이 자유로워서 아이들의 호기심과 무한한 상상력을 자극하기에 좋은 놀잇감입니다. 어떻게 장식하고 어떤 그림을 그려 넣는지에 따라 풍선은 벌이 될 수도, 나비가 될 수도, 예쁜 꽃이 될 수도 있어요. 또한 둥그렇고 가볍고 잘 튕기는 풍선을 손으로 통통 튀기거나 잡고 놀다 보면 신체 조절 능력과 운동 능력도 향상되지요. 풍선으로 다양한 자연물과 사물을 만들어보면서 관련된 그림책을 읽거나 대화를 나누어도 아주 좋은 연계 활동이 됩니다.

97
하늘에서 오색찬란한 빗방울이 또르르 떨어져요
스포이드 무지개 빗방울

발달 영역
소근육 발달
색 인지 발달
창의력 발달

추천 연령 18개월 이상
준비 시간 15분
놀이 난이도 ★★★☆

식용색소 얼음물이 사방에 튈 수 있으니 아이에게 미술용 가운이나 헌 옷을 입혀주고, 바닥에는 비닐 등을 깔아주세요.

스포이드를 다룰 때는 미세한 소근육을 움직여야 하므로 스포이드를 활용한 놀이는 소근육을 강화하는 데 매우 좋습니다. 하지만 스포이드는 다루기가 쉽지 않은 도구라 아이가 처음 사용할 때는 엄마가 미리 스포이드 위쪽 고무주머니를 눌러 스포이드 안에 색소 물을 미리 흡수해둔 뒤, 아이가 스포이드 고무주머니를 누르며 도화지 위에 빗방울을 떨어뜨릴 수 있도록 도와주어야 해요.

준비물

아이 사진, 도화지, 코팅기나 손 코팅지(선택), 종이테이프, 이젤, 식용색소, 물, 스포이드, 물통

① 우산을 쓴 아이 사진 또는 그림을 준비해주세요. 코팅기나 손 코팅지로 코팅해줘도 좋아요.
② 도화지에 아이 사진이나 그림을 종이테이프로 붙여주고 이젤에 세워주세요.
③ 다양한 색상의 식용색소를 넣은 물을 준비해주세요.
④ 아이가 스포이드로 색색의 물을 도화지 위쪽에서 떨어뜨리도록 알려주세요.
⑤ 종이테이프를 붙였던 부분을 조심스레 떼어내주세요.

단아맘's Tip

- 놀이를 하면서 아이에게 비 오는 날씨의 특징을 설명해주면서 여러 가지 날씨에 대해 알려줘도 좋아요.

단아는 예쁜 빗방울이 캔버스 위에서 아래로 톡 떨어지는 모습을 보며 매우 신기해했어요. 이 놀이는 물이 위에서 아래로 떨어지는 원리를 자연스레 체득하게 해주고, 다양한 색상의 무지개 빗방울을 통해 색 인지 능력을 향상시켜줄 뿐만 아니라 미적 감수성도 높여주지요. 도화지 하단에 붙여둔 우산을 쓴 아이 쪽으로는 코팅된 우산에 막혀 빗방울이 떨어지지 않는 모습을 아이가 발견할 수 있는데요, 이런 모습을 보며 비 오는 날씨에 대해 이야기를 나누며 비를 비롯한 날씨 개념을 알려줄 수 있답니다.

98
맛있는 모래 위로 부릉부릉 중장비 차가 지나가요
시리얼 모래 촉감 놀이

발달 영역
소근육 발달
인지 발달
정서 발달

추천 연령 돌 전후
준비 시간 15분
놀이 난이도 ★☆☆☆

시리얼 모래를 만진 손으로 아이가 눈을 비비지 않도록 잘 살펴봐주세요.

어릴 적 놀이터에서 다들 모래 놀이를 한 번쯤은 해보셨지요? 요즘 놀이터들은 아이들의 안전과 위생을 위해 바닥이 대부분 탄성고무로 만들어져서 모래가 있는 놀이터를 찾기가 참 어렵더라고요. 그래서 집에 늘 있는 시리얼을 믹서에 곱게 갈아 고운 모래처럼 만들고 그 위에 중장비 자동차 등을 올려주어 마치 건설 현장 같은 스몰 월드를 만들어주었습니다. 부드러우면서도 고소한 향이 나는 시리얼 모래로 아이에게 즐거운 모래 놀이 시간을 선물해보세요.

준비물

시리얼, 믹서, 중장비 자동차 장난감, 트레이

① 믹서에 시리얼을 넣고 갈아주세요.
② 곱게 갈아낸 시리얼을 트레이에 부어주세요.
③ 시리얼 모래 위에 중장비 자동차 장난감을 올려놓아주세요.

단아맘's Tip

- 시리얼 대신 오트밀이나 떡뻥을 갈아서 사용해도 괜찮아요.

부드러우면서도 서걱거리는 모래는 심리 치료에도 쓰일 만큼 만지고 놀 때 정서적인 안정감을 선사하는 재료예요. 모래는 일정한 형태가 없기 때문에 아이가 자유롭게 파헤치고 가르고 흩뿌리며 노는 동안 창의력과 상상력이 발달합니다. 또한 모래를 손으로 직접 뭉치기도 하고 삽, 그릇 등 도구를 사용하며 놀게 되기 때문에 자연스레 소근육을 발달시켜주지요. 뭐든지 입에 넣는 구강기 아이들은 자칫 모래를 입에 넣을 수 있어 걱정이 되는데, 엄마표 시리얼 모래를 이용하면 언제든 안심하고 모래 놀이를 할 수 있습니다.

99
할머니 할아버지 머리를 예쁘게 변신시켜드려요
할머니 할아버지 염색 해드리기

발달 영역
소근육 발달
색 인지 발달
인지 발달
정서 발달

추천 연령 돌 전후
준비 시간 15분
놀이 난이도 ★☆☆☆

식용색소가 사방에 튈 수 있으니 아이에게 미술용 가운이나 헌 옷을 입혀주고, 바닥에는 비닐 등을 깔아주세요.

스포이드를 활용한 놀이를 하나 더 알려드릴게요. 재활용 상자를 버리지 말고 얼굴 모양으로 자른 다음, 머리 부분을 칼로 파내고 그 안에 휴지나 키친타월처럼 물을 잘 흡수하는 재질을 넣고서 그 위에 식용색소를 탄 물을 똑똑 떨어뜨려보세요. 그러면 마치 여러 가지 색으로 머리카락을 염색한 듯한 느낌이 난답니다.

준비물

상자, 네임펜, 가위, 칼, 도화지, 색연필, 접착제, 휴지나 키친타월, 식용색소, 물, 그릇, 스포이드

① 상자에 얼굴 모양으로 밑그림을 그리고 선을 따라 가위로 오려주세요.
② 얼굴 부분은 도화지 위에 올려놓고 색연필로 색칠해주고, 네임펜으로 입과 눈 등을 선명하게 그려주세요.
③ 또 다른 상자 위에 ②의 얼굴을 붙이고 머리 모양으로 밑그림을 그려주세요.
④ 밑그림을 따라 머리 부분을 칼로 오려주세요.
⑤ 오려낸 부분에 휴지나 키친타월을 덧대어주세요.
⑥ 그릇에 식용색소와 물을 넣고 섞어 스포이드로 찍은 후 ⑤에 뿌려서 예쁘게 염색해주세요.

단아맘's Tip

- 아이가 그림을 그릴 수 있는 연령이라면 할머니 또는 할아버지 얼굴을 떠올리며 직접 그림을 그려보게 해주세요.

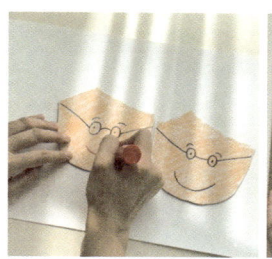 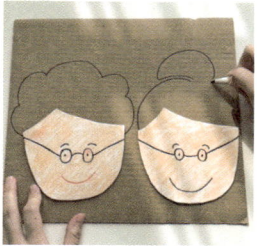  

위와 같은 과정이 다소 번거롭고 어렵다면, 상자 위에 휴지나 키친타월을 여러 장 깔고 그 위에 식용색소를 섞은 물을 스포이드로 찍어 뿌리는 놀이를 해도 충분합니다.

100
쌀로 만든 하늘 위에 비행기가 날아가요
염색 쌀 하늘 촉감 놀이

발달 영역
소근육 발달
창의력 발달
인지 발달
정서 발달

추천 연령 돌 전후
준비 시간 30분
놀이 난이도 ★☆☆☆

아이가 염색 쌀을 입에 넣지 않도록 잘 살펴봐주세요.

요 몇 년 사이 미세 먼지가 심해진 탓에 파랗고 높은 하늘을 마음껏 바라본 게 언제였는가 싶어요. 게다가 코로나로 인해 비행기를 타고 어딘가로 멀리 여행 가는 일이 너무 힘들어지기도 했지요. 언젠가 우리 아이들이 맑은 공기, 파란 하늘을 마음껏 누리며 원하는 곳으로 언제든 훌쩍 여행을 가는 날을 맞이하기를 바라며 이 놀이를 구상해보았어요. 파랗게 염색된 쌀을 만지며 촉감 놀이도 하고, 비행기가 날아가는 소리를 입으로 흉내 내면서 즐거운 오감 놀이를 하며 아이와의 집콕 생활을 즐겁게 보내보는 것은 어떨까요?

준비물

쌀, 지퍼백, 식용색소, 휴지심, 가위, 마스킹 테이프, 솜, 트레이, 비행기 장난감

① 지퍼팩에 쌀과 식용색소 3~5방울을 함께 넣고 흔들어주세요.
② 염색된 쌀은 서늘한 곳에서 서너 시간 말려주세요.
③ 휴지심을 가위로 잘게 자르고, 그 위에 색색의 마스킹 테이프를 붙여서 무지개를 만들어주세요.
④ 트레이에 염색된 쌀, 휴지심 무지개, 솜, 비행기 장난감 등을 넣어서 꾸며주세요.

단아맘's Tip

- 식용색소로 물들인 쌀을 서늘한 곳에서 건조한 뒤 사용하면 손에 색소가 덜 묻어나요. 놀이하기 전날 미리 쌀을 물들여 놓았다가 다음 날 놀이에 활용하면 편리해요.

염색 쌀 하늘 촉감 놀이에 쓰인 재료들은 우리 주변에서 쉽게 구할 수 있는 것들이에요. 상상력과 창의력은 늘 보던 것을 새로운 시각으로 볼 때 발달한다고 합니다. 이 놀이는 파랗게 염색된 쌀에서 하늘을, 버리는 휴지심에서 무지개를, 약통에 늘 있는 솜뭉치에서 구름을 떠올리며 구상한 놀이인데요, 아이가 엄마가 머릿속으로 그린 상상보다 더 멋진 것들을 생각해내며 놀이를 하길 바랐답니다. 엄마의 사랑과 노력이 담긴 놀잇감으로 우리 아이의 상상력에 더 큰 날개를 달아주세요.

육아 퇴근 후
쉼 한 조각

책육아,
생각 주머니를 키워주는 가장 좋은 방법

아이를 향한 부모들의 여러 바람 중에
'우리 아이가 책을 좋아하면 좋겠다'는 것은
늘 앞자리를 다투는 희망사항 같아요.

글을 읽고 이해하는 문해력은
앞으로 아이의 모든 학습에 있어
기본 바탕이 되는 능력인데,
문해력을 키워주는 가장 좋은 방법은
바로 책 읽기이기 때문이지요.

하지만 중요하다고 해서 아이에게
책 읽기를 무작정 강요할 수는 없습니다.
모든 학습은 자발적인 흥미를 가지고 할 때
가장 놀라운 결과를 보여주니까요.

저는 '책육아'의 핵심은 아이에게 책과 친해질 시간을

충분히 주는 것이라고 생각해요.
그래서 외출할 때도 책을 늘 한두 권씩 챙기고
제가 책을 읽는 모습도 단아에게 많이 보여주려고 한답니다.

그렇다면 아가들에게 책을 어떻게 읽어주는 것이 좋을까요?
의외로 많은 분들이 아가에게 책을 읽어주는 것을
어렵게 생각하시는데, 그 이유를 들어보면
동화 구연을 해주듯이 과장된 몸짓이나
목소리로 읽어줘야 한다고 생각해서더라고요.
하지만 전혀 그럴 필요가 없답니다.

엄마가 평소 아이에게 말을 건넬 때처럼
편안하고 따뜻한 목소리로 천천히 또박또박 읽어주면 돼요.
오히려 과장된 목소리나 몸짓을 동원해 읽어주다 보면
엄마는 엄마대로 힘이 들고,
아가는 아가대로 책을 읽는 분위기나 내용보다
다른 것에 더 신경을 쓰게 될 수도 있어요.

아이의 속도에 맞춰 읽어주는 것도 중요해요.
그림책 문장은 너무 짧아서
엄마가 단숨에 읽고 페이지를 넘기기가 쉬운데요,
그림책은 그림이 많은 걸 전달하는 매체예요.

따라서 아이의 시선이 그림책의 어느 부분을 향하고 있는지
유심히 살펴보면서 천천한 속도로 읽어주세요.
때로는 내용 읽기를 멈추고,
아이에게 질문을 던져보는 것도 좋아요.

뭐니 뭐니 해도 책육아에서 가장 중요한 것은
아이가 엄마와 함께 책을 읽는 시간을
즐거운 놀이로 여길 수 있도록
편안하고 자유로운 분위기를 만드는 것이랍니다.

먼 훗날 아이가 홀로 책을 읽게 되었을 때에도
어릴 적 엄마 품에 안겨 함께 책을 읽었던 기억은
오래도록 아이 마음속에 남아
유년시절의 아름다운 추억으로 자리할 거예요.

감각 놀이를 할 때도 그렇지만
책육아에서도 '자율성'은
아무리 반복해 이야기해도 부족함이 없는 단어입니다.
우리 어른들도 누가 시켜서 하는 일은 하기가 싫잖아요.

만약 아이가 책 읽기에 흥미를 보이지 않는다면
엄마가 무엇을 읽으라고 강요하고 있지는 않은지
한번 곰곰이 되돌아보세요.

아이들은 매우 능동적인 존재라서
스스로 하는 것을 매우 좋아한답니다.
부디 아이의 선택권을 존중해주세요.

하지만 아이들은 아직 어려서 너무 많은
선택지가 주어지면 혼란스러워 할 수도 있어요.
그러므로 엄마가 서너 권의 책을 골라주고
아이에게 그중에서 가장 마음에 드는 것을
선택할 수 있도록 해주세요.
이때 아이가 책을 선택한 것에 대해 칭찬해주고
아이가 직접 페이지를 넘길 수 있도록 도와주세요.

그리고 아이가 고른 책을 한자리에 앉아서
끝까지 다 읽지 않아도 괜찮아요.
아이들은 집중 시간이 짧기 때문에 충분히 그럴 수 있습니다.
만일 아이가 흥미를 갖는 그림이나 문장을 발견했다면
그 부분을 기억해두었다가 반복해서 읽어주어도 좋습니다.

언젠가 한번 여행지에 그림책도서관이 있어서
그곳에 잠시 들러 아이와 함께
즐거운 도서관 데이트를 했던 적이 있어요.
이처럼 도서관이나 서점을 함께 방문해서
아이에게 직접 책을 살펴보고 고를 수 있게 해줘도 좋아요.
새로운 공간에서 다양한 책의 형태를 접하는 것만으로도
아이에게는 긍정적인 자극을 줄 수 있답니다.

아이와 '잠자리 독서' 하고 계신가요?

책육아의 다양한 형태 중 저는 매일 밤 꿈나라로 가기 전
아이와 함께 침대에서 책을 읽는 시간을 좋아한답니다.

아늑하고 편안한 자리에서 엄마 혹은 아빠가
따뜻한 목소리로 소리 내어 이야기를 읽어주면
아이는 낮 동안 새로운 것들을 배우며 피로했던 몸과 마음을
편안하게 이완시키고 스트레스도 해소할 수 있게 됩니다.

단아는 생후 6개월부터 지금까지 잠자리 독서로
앤서니 브라운의 책을 많이 읽었어요.
한국어판과 영어 원서를 혼용해서 읽어주곤 했는데,
초롱초롱한 눈망울을 빛내며 제 목소리에
귀를 기울이는 아이를 보고 있노라면
하루 동안의 피로가 싹 풀리면서
오히려 제 마음이 치유되는 느낌을 받곤 했어요.

'책육아'라고 하면 뭔가 거창하고 어렵고
특별한 방법이 있을 것만 같지만,
그저 한 권의 책이라도 부모가 진심을 다해 아이에게 읽어주고
이를 매개로 아이와 깊이 교감하는 시간을 가진다면
그것이 바로 책육아의 시작입니다.

그러니 책육아를 너무 어렵게 생각하지 마시고
오늘 밤 잠자리 독서부터 시작해보세요.

책을 매개로 부모와 아이가 따스한 대화를 이어가면서
행복한 기억으로 하루를 마무리할 수 있을 거예요.

에필로그

처음 엄마가 된 당신에게
선물 같은 책이기를 바라며

이 글을 쓰는 지금, 문득 아이가 세상에 태어나던 순간이 떠오릅니다. 엄마와 아이로서 처음 만나던 그날의 그 경이로웠던 순간이 지금도 생생히 기억납니다. 처음으로 엄마가 되는 일은 기쁨, 사랑, 설렘의 감정으로 가득합니다. 하지만 한편으로는 불안과 두려움 그리고 수면 부족으로 인한 피로함 등 부정적이고 힘든 감정을 하루에도 수십 번씩 마주해야 하는 일이기도 합니다. 아이가 태어나고 나서 엄마는 아이와 함께 한 팀이 되어 이전과는 완전히 새로운 방식으로 매일의 삶을 경험하게 됩니다.

평생의 시간을 헤아려봤을 때, 아이와 엄마가 맞이하는 첫 3년은 두 사람이 가장 많은 시간을 함께하는 기간입니다. 저는 집에서 아이와 이런 소중한 시간을 보내는 동안 '아이와 함께 의미 있는 매일을 만들어갈 방법은 없을까?' 하고 생각하게 되었습니다. 그런 생각이 든 이후로 밖에 멀리 나가지 않아도, 거창한 재료가 필요하지 않아도, 집에서 손쉽게 구할 수 있는 간편한 재료만으로도 아이의 오감을 깨워주고 두뇌 발달을 돕는 엄마표 놀이를 구상하고 아이와 함께 해보기 시작했습니다. 이 책에는 그렇게 채워간 저와 아이의 지난 2년 동안의 하루하루가 추억이 되어 고스란히 담겼습니다.

　　이 책이 나오게 된 배경에는 코로나19도 빠질 수 없습니다. 아이는 코로나가 확산되던 시기에 태어난 터라 키즈 카페나 문화 센터는 물론이고 바깥에서 산책조차 마음껏 할 수 없었습니다. 한창 세상과 접촉하며 많은 자극을 받고 성장해야 할 시기였음에도 불구하고 그러할 수 없는 상황 때문에 내심 부모로서 불안하고 안타까운 마음이 있었던 것도 사실이지요.

　　얼마 전 영국《가디언》에 실린 기사에 따르면, 코로나19 기간 중 태어난 '코로나 베이비'의 지능지수(IQ)가 그 이전에 태어난 아이보다 낮다는 연구 결과가 있었습니다. 코로나가 확산되던 시절 이전에 태어난 만 3세 미만 아이들의 평균 IQ는 100점, 코로나 팬데믹 기간 중에 출생한 만 3세 미만 아이들의 평균 IQ는 78점으로 코로나 시대에 태어난 영유아들의 평균 IQ는 22점이나 낮았지요. 연구팀은 그 원인을 집 안에서만 보내는 시간이 길다 보니 인지적 자극이 제한되고 외부 세계와의 상호작용이 줄어들었기 때문이라고 분석했습니다.

　　하지만 부족한 부분은 다른 방식으로 채워줄 수 있는 법이지요. 외부 활동을 마음껏 할 수 없는 아이를 위해 아이와 집에서도 할 수 있는 다양한 놀이법을 생각해내고 적용하다 보니 그 과정에서 제 마음속의 불안함도 조금씩 사라졌습니다. 아이가 점점 성장하고 발전해가는 모습을 보여주었기 때문에 더욱 그랬던 것도 같습니다.

가령, 어느 순간부터 아이는 놀이를 어떻게 시작해야 하고 어떠한 과정으로 진행해야 하는지를 특별한 설명 없이도 놀이의 원리를 이해하여 스스로 해내는 경우가 많았습니다. 그래서 주변에서 아이의 손 쓰는 동작을 보고는 또래에 비해 손동작이 세심하고 야무지다는 이야기를 종종 건네기도 했지요. 아이는 언어 발달도 빠른 편이었습니다. 돌 전부터 말을 시작했고, 돌 이후에는 숫자를 인지하고, 두세 단어 이상의 단어를 조합해 문장을 구사하기 시작했습니다. 코로나 베이비로 태어나 생후 2년간 거의 집에서만 생활하는 시간이 많았지만, 이렇게 빠른 발달이 가능했던 것은 아마도 다양한 오감 발달 놀이를 하며 다채로운 경험을 제공해주었기 때문이 아닐까 합니다. 그 과정에서 적극성, 자기주도성, 창조적 문제해결력 등이 키워졌다고 저는 믿습니다.

생후 6개월 전부터 시작할 수 있는 다양한 오감 자극 놀이는 주양육자인 엄마의 조력이 가장 많은 비중을 차지합니다. 놀잇감 준비 과정에서부터 함께 놀이하는 과정에 이르기까지 엄마의 수고와 노력이 절대적이지요. 저는 이 부분이 '엄마표 두뇌 발달 놀이'의 가장 중요한 포인트라고 생각합니다. 엄마는 사랑의 마음을 담아 아이를 위해 놀이를 준비하고, 아이는 준비된 놀이를 통해 새로운 세상을 탐험하면서 하나씩 성취해내고, 엄마는 단계적으로 발달해나가는 아이의 모습을 함께 지켜보면서 행복감을 느끼게 됩니다. 저 역시 지난 25개월간 단아와 함께 놀이

육아를 해온 날을 되돌아보면, 마음 한구석에서 뿌듯함이 차오르곤 합니다.

무엇보다 엄마표 두뇌 발달 놀이를 준비하는 과정에서 아이에 대해 깊게 이해할 수 있었습니다. 저는 아이와 다양한 놀이를 하면서 아이가 어떤 재료나 놀이 과정을 좋아하는지 그리고 아이의 성향과 타고난 기질이 어떠한지를 더욱 잘 이해하게 되었습니다. 그런 이해들이 쌓이자 다음번 놀이에서는 아이의 관심사를 고려하여 놀이를 취사선택할 수 있는 안목이 생기는 등 저 스스로도 발전해가는 것을 느낄 수 있었지요.

아이도 즐겁고 엄마도 만족할 수 있는 놀이를 통해 함께 상호작용하며 깊은 유대감을 쌓아갈 수 있었던 것도 큰 기쁨이었습니다. 아이는 번쩍이고 현란한 장난감을 갖고 노는 일보다 엄마와 함께하는 까꿍 놀이가 더욱 즐겁습니다. 엄마(그리고 아빠)는 아이가 이 세상에서 가장 신뢰하고 사랑하는 대상이기 때문입니다. 그러하니 처음부터 엄마표 놀이에 대한 부담감을 느끼기보다는 쉽고 간단한 놀이부터 시작해보면서 아이와 함께 소중한 추억을 만들어나가시길 바랍니다.

이 책이 부디 엄마가 처음인 당신에게,
또는 아이를 처음 낳고 키우는 당신의 소중한 사람에게
선물 같은 책이기를 바랍니다.

늘 아이에게 밝은 햇살과 좋은 토양이 되어주고 싶은
엄마의 진심을 가득 담아서
오늘 이 세상에서 가장 위대한 우주를 건설하고 있는
엄마들에게 이 책을 선물합니다.

사랑하고 소중한 아이의
모든 '처음'을 함께할
당신을 응원합니다.

0세부터 시작하는 두뇌 발달 놀이
0~36개월 아기랑 엄마랑 생애 첫 놀이 100
ⓒ 김가희 2022

1판 1쇄 발행 2022년 6월 20일

지은이 김가희(단아맘)
펴낸이 윤상열 | **기획편집** 염미희 최은영 한아름
디자인 김리영 | **마케팅** 윤선미 | **경영관리** 김미홍
펴낸곳 도서출판 그린북 | **출판등록** 1995년 1월 4일(제10-1086호)
주소 서울시 마포구 방울내로11길 23 두영빌딩 302호
전화 02-323-8030~1 | **팩스** 02-323-8797
이메일 gbook01@naver.com | **블로그** greenbook.kr

ISBN 979-11-87499-21-3 13590

* 이 책의 전부 또는 일부를 이용하려면 저작권자와 그린북의 서면 동의를 받아야 합니다.
* 그린페이퍼는 도서출판 그린북의 실용·교양도서 브랜드입니다.